如何给别人留下好印象

职场第一课·印象管理

速溶综合研究所 ——————— 著

中信出版集团·北京

图书在版编目（CIP）数据

如何给别人留下好印象：职场第一课·印象管理 /
速溶综合研究所著 . -- 北京：中信出版社，2018.12
ISBN 978-7-5086-9549-5

I.①如… II.①速… III.①心理交往－通俗读物
IV.① C912.11-49

中国版本图书馆 CIP 数据核字（2018）第 226444 号

如何给别人留下好印象——职场第一课·印象管理

著　　者：速溶综合研究所
出版发行：中信出版集团股份有限公司
　　　　　（北京市朝阳区惠新东街甲 4 号富盛大厦 2 座　邮编　100029）
承 印 者：中国电影出版社印刷厂

开　　本：880mm×1230mm　1/32　　印　张：7.25　　字　数：84 千字
版　　次：2018 年 12 月第 1 版　　　印　次：2018 年 12 月第 1 次印刷
广告经营许可证：京朝工商广字第 8087 号
书　　号：ISBN 978-7-5086-9549-5
定　　价：36.00 元

总　序

师北宸

"写作训练营"创始人

给你一整套职场通关地图

你可能还没进入职场，或者刚刚进入职场，我相信你曾经遇到这种情况：公司领导或学校老师交办你几件事，你一一做了记录，然后转头便开始干活。为了快点做完，你几乎顾不上跟领导或老师确认任务目标。在整个过程中，你也很少与别人沟通，更别说仔细思考怎么做才能更高效。

这样做的结果是，你好不容易赶在截止日期之前搞定了任务，但等着你的，很可能是领导或老师的不满——很少有人一次就能把工作做到位。

问题到底出在哪里呢？时间管理不行？工作方法不对？……

针对这个问题，这套书中的比基涅斯博士提出了一个简洁有效的"解决问题三步法"：提出问题（what）——分析问题（why）——解决问题（how）。

面对每一个问题时，如果你都可以运用这个三步法，绝大部分问题都可以迎刃而解。

这个解决问题三步法，是在训练你的逻辑思考力。按照这个三步法，你接到任务以后，首先该做的不是立刻执行，而是花些时间对任务进行解码和翻译。针对问题做解码和翻译花的时间，应该是在执行上花的时间的好几倍。

书中阐述的解决问题三步法，是这样操作的：

提出问题（what）：对于他人交办的事情，你与对方沟通并确认了具体的任务目标是什么吗？

分析问题（why）：你需要花多长时间完成任务？

对于应该先做什么、后做什么，你有时间管理的意识吗？完成任务需要动用什么资源？可以找哪些同事合作？你的人际协调能力和职场交涉能力过关吗？

解决问题（how）：在扎实做好前两步的基础之上，再开始具体执行。

别小看上面这个过程，无论是对大项目还是小问题，这三步都行之有效。

职场比拼的永远是一个人的综合实力，光是单一技能过硬，还是不够的。

"职场第一课"系列由 5 本独立的小册子组成，你可以根据自己的需求和喜好挑某个章节读，也可以随意翻开某个章节读。

但是，我更推荐的阅读方式是，把 5 本书一口气看完。它们就像一副拼图，只有把这 5 项技能组合起来，才能拼出完整的职场通关地图，你才能汲取其中最精华的部分，才能体会到组合拳的威力。

所以，这是一套值得你反复阅读的好书。

给你一套职场复盘的指南

一个人在职场中的时间大约为 40 年，考虑到现在人类寿命变得更长了，这个时间可能会增加到 50 年甚至 60 年。

有些人重复做一项工作 10 年都没有进步，有些人工作一年，比别人工作 10 年积累的经验还要多。

我喜欢总结与复盘。我每天会处理好几件事情，每处理完一件事情，我都会复盘反思，不断停下来审视自己的不足，并思考如何改进。很多时候我会写下来——写作有利于思考，有利于沉淀，有利于发现不足，更有利于逐渐找到答案。

在阅读"职场第一课"系列书稿期间，我正在创办写作训练营，也在打磨我的写作课程。由于是创业初期，我每天都会有非常多琐碎的事情需要处理，同时还有大量的客户和学员需要约见。

在这短短几个月的时间里，我更加感受到了时间管理和信息管理的必要性，及良好的人际协调能力的重要性。这套书不仅对职场新人非常有帮助，对我这种工作了 10 多年的人也依然有很大帮助——尤其是，整套书还有图解示范，阅读起来更加轻松，也使我对职场类书籍有了新的认识，并不是所有的职场类书籍都过于干涩、难读。

事实上，每一次职场调动，或者每一次新挑战，都会让我们回到一个新的起点，再次成为职场新人。

我很喜欢这套书的编排方式。每个单元开头都是先由一位职场新人提问，然后比基涅斯博士会给出一个概括性的回答。紧接着，作者便开始介绍相关概念和理论，再用图解的方式将其具体解释清楚。整个过程非常生动，而且一目了然。

最精妙的设计是，在每个章节结尾部分，作者都会提供一项小测试，用来帮读者做"诊断"。

这个小测试的优势还在于，你有两种测试方法可以选择：第一种是前测，就是先测，找出问题，带着问题到书中找答案；第二种是后测，当你合上书本，实践一段时间回来复盘的时候再去测试，便可以知道自己是否真的掌握了这些技能。

如果你有兴趣，把两次的测试结果比较一下，一定会惊喜地看见自己的进步和成长。

从教到练，再到测试，这样就形成了一个完整的学习闭环。职场类的书，读完一定要用。不用，就不是你的；开始运用，它就会内化为你的能力。

这是一套值得你放在书桌上最显眼位置并且反复阅读的书。

带你进入一个真实的职场

我喜欢这套书还有一个原因，它为读者再现了一个真实的职场，一次性呈现出了上百个常见的职场问题，并且都非常接地气，你学完就可以运用。比如：

为什么其他同事都能够打成一片，我却做不到？

在跟同事交往的过程中，我总是被牵着鼻子走，是我不够强大吗？

怎样才能让领导发现我是被埋没的金子呢？

……

如果我们把进入职场看作就读一所"大学"的开始，那么对我们来说最重要的是什么呢？

毫无疑问是学习和成长。

上学的时候，你可以去听课、泡图书馆、跟室友讨论，到了职场中，几乎身边的每一个人，包括同级、上级，甚至你的客户、展会上认识的行业伙伴，都可以成为你的老师和指路人。

对于新入职员工的培养，日本的公司往往采用师徒制。如果你的公司也有这样的制度，那再好不过了，如果没有，那我强烈建议你主动给自己寻找一位导师，如果暂时还没有找到的话，你就先把比基涅斯博士当成你的导师吧。相信我，他真的非常睿智。

所以，这是一套适合你随时翻阅的书，它可以帮助你随时开启和比基涅斯博士的对话。

对了，我们还为你精心准备了一套价值99元的"知识星球·写作课程"，随书免费赠送，扫描二维码即可领取。如果说进入职场有三门必修课，那写作一定是其中之一。欢迎你在读书过程中，将你的读书笔记和书评与周围的同事和朋友分享，也欢迎你关注微信公众号"师北宸（beichenshi01）"，将你阅读这套书的感受告诉我。

快去阅读吧，书中还藏着非常多的小惊喜，等你慢慢去发现。

扫码加入写作训练营

登场
人物介绍
Main Characters

速溶综合研究所是一所由各方超级专家和研究员组成，专门研究职场、社会与经济等方面问题，并为有这方面困扰的人们提供解决方案的研究机构。

此次，一家蔬菜配送公司邀请了研究所的比基涅斯博士，来帮助员工解决待人处事的印象管理问题，以获得市场竞争中更多的客户好感度。是什么问题困扰着那里的员工呢？比基涅斯博士和助手艾玛能否顺利解决所有问题？

比基涅斯博士

社会学者　　性别：男　　年龄：55 岁

速溶综合研究所的研究员，专攻社会学领域。常年带着助手到不同的地方考察，喜欢在随身携带的手账上记录各种细节。习惯一边吃早餐一边翻阅报刊。最近对社会人的职场技能颇有兴趣，每周两次到蔬菜配送公司研究和解答相关课题。思考太过投入时会自言自语起来。

艾玛

比基涅斯博士助手　　性别：女　　年龄：25 岁

比基涅斯博士的得力助手。由于有过做新闻记者的经历，所以对于现场的确认特别执着。认真是艾玛最大的特点，很多时候她说话比较直，但是个内心非常淳朴、善良的女生。最近跟着博士出入蔬菜配送公司，负责记录员工们的印象管理问题并帮助推行解决方案。

小洋

性别：男　　年龄：24岁

蔬菜配送公司市场部的新入员工，性格开朗，在人际交往中不拘小节，这也导致他考虑问题往往不够周全。对新鲜事物毫无抵抗力。最喜欢的蔬菜是番茄。面对比基涅斯博士的说教感到苦恼，但是并不讨厌。为表感谢，想邀比基涅斯博士去看爵士现场秀。

性别：女　　年龄：23岁

小米

和小洋同一时期入职的客服部员工，做事细心但性格害羞。想象力丰富，对于蔬菜的各种知识感到无比好奇。最喜欢的蔬菜是蘑菇。由于比较内向，周末通常宅在家里。最近因为参与博士的印象管理课题，和艾玛成为好朋友，有职场的烦恼时也会向艾玛倾诉。

蔬菜君们　　性别：不详　　年龄：幼齿

小洋和小米所在蔬菜配送公司的事业部里，来往着许多蔬菜君。它们跟在业务员们的身边出入市场，时不时无意地制造一些小麻烦，但在关键时刻也会忽然提出灵光一现的好点子。

CONTENTS 目录

第 **1** 章

初次印象
与 "惊鸿一瞥"

第 **2** 章

提升印象力的
基础与关键

第  章

提升印象力实用技巧大盘点

第  章

被忽略的用武之地

第 **5** 章

蛀空印象力的二三事

第 **6** 章

印象管理小测试 Ready? Go!

步入社会的你，是否已准备好迎战那么多陌生的不确定性？

初入职场的小战士，你的战袍是什么样子？是像魔法师的长袍，还是像骑士的盔甲？你是否让一路上遇到你的人们向你露出微笑，伸出绿色的橄榄枝？

打造你所向无敌的印象力

- ☑ 第 1 章 初次印象与"惊鸿一瞥"
- ☐ 第 2 章 提升印象力的基础与关键
- ☐ 第 3 章 提升印象力实用技巧大盘点
- ☐ 第 4 章 被忽略的用武之地
- ☐ 第 5 章 蛀空印象力的二三事
- ☐ 第 6 章 印象管理小测试 Ready? Go!

第 **1** 章

初次印象
与"惊鸿一瞥"

对自己给他人的印象意外地不自知?

● 自己给他人的真实印象和自己想象中的样子，是有差异的！

QUESTION

　　我来新公司上班有一段时间了，可是与同事们相处时总觉得关系很生疏。只有在涉及工作时才能说上几句话。我觉得自己是一个容易接近的人，为什么总感觉大家有意跟我保持距离呢？真羡慕那些很快就能和其他人打成一片的人。

ANSWER

　　同事们没有看到你随和的一面，其实在很大程度上是因为你并没有呈现给他们看。有可能大家看到的是你发出"拒绝靠近"的信号。所以大家在与你相处时会自动保持距离。出现这种情况是由我们给别人的印象决定的。

❗到底什么是印象？

　　印象，是指我们在接触人或事物的过程中，对方客体在我们脑海里留下的形象。印象的形成，与我们自身的经验有关。我们在接触新的人或事物时，会根据以往的经验，将他们进行归类，判断对自己是否有利，然后据此做出选择，并表现在具体的行动上。

比基涅斯博士初到蔬菜配送公司做调研时就做了一个小小的实验。他将公司的员工分成两组，然后分别向他们讲述他的助手艾玛的故事。

A组：艾玛穿着一身素朴、淡雅的职业装，独自去写字楼做问卷调查。她站在楼下安静地等待午休时间的来临，因为这样做调查时才不会打扰他人的工作。她礼貌而友好地同每一位受访者交流，这期间还遇到了一位熟人。她忙于工作没有主动与熟人说话，直到对方看见她并走过来与她打招呼。调查结束，她一路听着摇滚，哼着小曲，去了搞聚会活动的朋友家。

B组：艾玛有些兴奋地跑去写字楼做问卷调查，因为这是她第一次独立执行任务。写字楼里的人还在办公，在等待的时间里，艾玛与门口安保处的人员进行了愉快的交谈。后面的调查也做得很顺利，她同每一位受访者热情沟通，就像遇见老友一样。远远看见一个熟悉的面孔，她挥起手与对方大声打招呼。调查结束，她松了一口气，到附近咖啡馆的一个角落里发了一会儿呆，然后一个人安安静静地散步回家。

听完比基涅斯博士的讲述，A 组多数人都认为艾玛是一个性格有些内向的人；而 B 组的人认为艾玛是外向型性格的更多。同样的艾玛，为什么会给大家留下不同的印象呢？

主观印象加工自客观形象

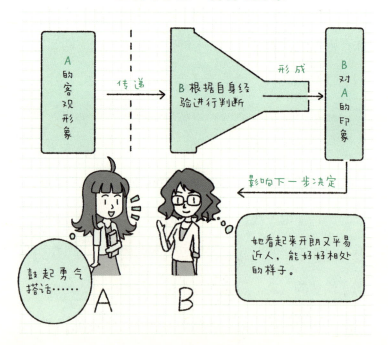

印象为何有不同？

在艾玛的故事中，我们可以发现，比基涅斯博士的每一次讲述都包含了两种性格特征的可能性，只是它们出现的顺序有不同。比如在 A 组，表面看起来性格内向的艾玛，很有可能私下开朗又豪爽；而在 B 组，看似性格外向的艾玛，工作之余也许是一个内向喜静的女孩。但是，**从结果上来看，人们更倾向于重视最先得到的信息，并由此对他人做出印象判断。这在心理学上，被称为"第一印象效应"（也作"首因效应"）。**

心理学家认为，人们一旦觉得自己有足够的信息来做判断，就很容易忽略后面获取的信息，认为后面的信息不如开始的信息重要、有价值。这也就是艾玛会给大家留下不同印象的原因：大家接收信息的顺序不同，产生的第一印象也就不同。

从生物学的角度来看，人类在进化的过程中形成了"快速识人"的特性，能够在极短的时间内就对方是否对自己有威胁做出判断。有，则远离；无，可亲近。这种判断能够让人类更好地生存下去。由此可知，第一印象的形成，可以说是人类本能的反应。

有诸多研究表明，第一印象在很大程度上影响着我们与他人未来关系的发展。 如果双方在第一次见面时，就给彼此留下了良好的印象，那么两人的关系更容易往好的方向发展；如果有一方对另一方的印象不佳，那么双方的关系就会进展缓慢，并难以改善。

🔋 职场中的第一印象

在职场中，第一印象的作用不容忽视，它决定了他人是否愿意与我们有更多的交流，它影响着我们未来的职业发展。

要知道，**我们自以为自己留给他人的印象，与他人对我们真实的印象，其实是存在差异的。** 他人对我们的印象判断，是由他的所见，再加上他以往的经验，经过大脑综合分析后得出的。然而，我们想要呈现给对方的形象，与对方看到的模样，可能是完全不同的。比如"东施效颦"这个故事，就印证了这一点。东施想要展示给邻里的是如西施般蹙眉行走的美姿，但是邻里们看到的却是她洋相百出的丑态。

在职场社交中，我们的沉默少言，领导读取到的信息可能是干劲不足；我们的积极献策，在同事那里可能会被理解为溜须拍马；我们的热情周到，在客户的眼里可能是虚情假意。这些"表错情，会错意"的行为，都是因人们对"自己眼中的我"与"他人眼中的我"缺乏正确的认识而产生的；同时也是缘于人们通常都是对自己的行为印象很模糊，对别人却很苛刻。那么，怎样才能让自己想要留给他人的印象，与他人实际产生的印象统一起来呢？学会印象管理，是职场新人的必修课。

职场小路灯

博士总结

● 新人初入职场，或多或少都会担心与领导、同事或者客户难以相处。给对方留下一个好的印象，是两者关系走向融洽的第一步。掌握印象管理技能，会快速地帮助我们建立起理想中的好印象。

谁决定了
我给他人的印象？

● 印象并非自己决定，而是由"他们"决定！

QUESTION

　　明天是我第一次去见客户，对于初入职场的我来说非常重要。我准备了很多我们蔬菜配送公司的资料，这样我可以给客户留下一个能干的形象，从而让其认可我的能力和公司的实力，合作的机会会因此增加不少吧？

ANSWER

　　好的印象当然会增加彼此的合作机会。想要你的能力和公司的实力得到客户的认可，要由客户来确认说"你很专业""你们公司实力很强""是优秀员工搭配优秀企业"，而不是凭借我们自己想象出来的"优秀形象"。

🔒 印象不在想象中

　　镜子中那个很有能力的自己，在面试官的眼里就好像是隐形了一样。为什么我的能力总是被他人忽视呢？

我们先来看这样一个例子，公司的小洋和小米，他们在一次同事互评中，分别收到了这样的评价：

小洋：聪明，勇敢，善良，挑剔，冲动，固执。

小米：固执，冲动，挑剔，善良，勇敢，聪明。

初看这两条评价，你是不是更愿意和小洋做工作上的搭档？其实，小洋和小米的评价是一样的，只是形容他们的词语出现的先后顺序不同，这就是"第一印象"带来的影响。

由此，我们可以明白，为什么面试官看不见你的能力？因为能力反映在你给他人的印象中，在初次接触时，你没有将此优先展示给面试官。甚至有可能面试官在看到你的第一眼时便看出了你的不自信，对你的第一印象打了折扣。所以在后面的面试过程中，即使你表现出较强的能力，但是第一印象已定，面试官已经失去了继续了解你的兴趣。所有的提问很可能只是为了礼貌地完成流程化的面试。

我们必须谨记，第一印象，并不是镜子中那个熟悉的自己，而是在对方初次见你时，从你的言谈举止中，看到的一切信息。印象，是他人对我们的判断，而非自我的评价与想象。

⚠️ 印象比能力更重要

人们对他人的印象判断，往往来自自己的人生经验。爱笑的人是乐观的，书不离手的是文化人，穿戏服的多是演员……人们的脑海中有一个巨大的经验数据库，你的一举一动，都会在对方的脑海中进行经验速配，综合以后就形成第一印象。也就是说，在你还没有开始向他人展现能力的时候，你在对方心中的印象已经形成了。

美国总统林肯曾经因为相貌偏见拒绝过一位才识过人的内阁成员。有人愤怒地指责林肯以貌取人，而林肯回答："一个人过了四十岁，就应该为自己的面孔负责。"

尽管以貌取人存在偏见，但我们仍不能忽视第一印象给我们的生活乃至工作带来的影响。知名主持人杨澜，就曾因为穿着打扮的问题被面试官多次拒绝。在面试官看来，她随意的外在形象与简历中所称的精明干练是不相符的。杨澜以为，她可以通过自己的能力重新让面试官对她引起重视，但是最终，她连展现能力的机会都没有得到。后来她在回忆 1995 年海外求职的文中写道："我的头发被风吹得非常凌乱，我的鼻子旁边甚至还沾了一点面包屑！虽然我的大衣质地非常好，但我的睡裤被它衬得很老旧。我第一次有点看不起自己。这样的打扮，我有多不尊重自己，以致使别人觉得我也不尊重她们。我想起下午去面试时自己的日常便装，那应该也是对一个高级经理职位的不尊重吧？"

没有人有义务必须透过连你自己都毫不在意的邋遢外表，去发现你优秀的内在。

——杨澜

在职场中，向他人展示自己的能力是很有必要的，它将为我们争取到更多的资源和机会。但是，能力往往是在他人接纳你后、在彼此更深入的交往中才能体现出来。**过早地想一味去争取别人对自己能力的赏识，而忽略了先给对方一个好的印象，可能会给工作带来事倍功半的效果，这种现象在职场新人中尤为常见。**

体现形象的各因素先行于能力

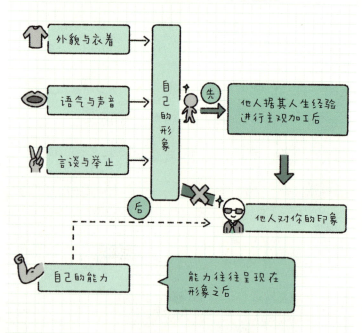

影响印象的因素

常言道："看有看相，坐有坐相，站有站相，吃有吃相。"**心理学家认为，一个人的衣着、表情、举止、言谈等，都体现着他的修养和品位。这对形成良好的第一印象至关重要。**

外貌与着装：我们不得不承认，在职场中，那些服饰整洁、穿着得体且仪表大方的人，看起来更像是自信且业务能力较强的成功人士。这足以说明，外在的精神面貌与着装，在影响着我们对他人的判断。而那些认为外貌是天生的、无法改变的想法是错误的。恰到好处的修饰与大方得体的着装，可以帮助我们改善形象，同时还能够提升自信心。

语气与声音：许多公司的客服岗位都会要求应聘者声音沉稳温和或优美动听。客服在工作中面对的都是客户，优美动听的声音和沉稳温和的语气，可以给客户留下良好的印象，打消客户的疑虑，甚至能化解因服务不周而带来的矛盾。在不同的工作场合里，运用合适的语气、声音与他人交流，会使得沟通过程更加顺利。

言谈与举止：任何一家公司的老板，都愿意聘用那些从言谈举止间看起来积极向上、有职业素养的员工，而不是散漫无礼、萎靡不振的人。一个人的言谈与举止往往可以反映他的内涵与修养。得体的言谈与举止，不仅仅是一种个体的状态，它甚至可能会影响整个团队的交流与合作氛围，并成为工作上的助推剂。

所以，想要给他人留下良好的印象，我们可以先从外貌、着装、声音、语气、言谈和举止这些方面来改善自己的形象。你的一颦一笑、一举一动，都有可能是影响你留给他人的印象的关键。

职场小路灯

博士总结

● 人们常说，面试是否成功，关键是看与用人单位合不合眼缘，其实说的就是留给面试官的印象。所以不要以自己想象中的印象来判断自己，而是要通过周围的人对自己的意见、看法来知晓自己给别人的印象。

瞬间决定成败

● 就在那几秒，得失已被印象决定！

QUESTION

　　上午约客户谈业务时，遇到了一位同行。在他到来之前，我已经和客户聊了半个小时，合作意向对方还在考虑当中。可奇怪的是，那位同行与客户仅聊了 10 分钟就签订了合同。明明我们公司的实力更强，为何客户选择与别人的公司合作，是客户对我存在偏见吗？

ANSWER

　　任何一家公司，都喜欢与有实力的企业合作。客户没有与你签合同，与谈判时间的长短没有关系，可能是对你的信心不足。你没有给客户留下一个可信赖、可合作的良好印象。

❗ 成败就在一瞬间

　　随着社会和科技的发展，我们的生活每天都在发生变化。人们能明显感觉到现在的生活节奏比以往更快。职场中的人们感触尤深，每天都要面对新的信息，去适应行业新的变化。因而，很少有人愿意花很多时间去深入了解一个人，特别是初次见面的陌生人。**对于职场新人来说，在与人打交道的过程中，抓住开场的前几秒非常重要。**

英国格拉斯哥大学与美国普林斯顿大学的心理学家们，曾联合做了一项实验。在实验中，参与者通过听录音来描述对方的性格特征，比如：可信赖度、支配性、吸引力和温暖感。实验结果发现，大约在听到声音 300~500 毫秒后，人们就可以做出印象判断。而对于同一种声音，大多数参与者的描述都是相近的。这个实验表明，第一印象的产生非常迅速，只需要 0.5 秒就够了。继续愉快地交往，还是与之保持距离，这个决定在瞬间完成。

❗ 职场机会里，没有"来日方长"

尽管第一印象并不完全准确，但我们还是经常以第一印象去判断一个人。同样，他人也通过第一印象来了解我们。**在职场中想要抓住机会，我们就要把握好决定印象好坏的前几秒，将对方希望看到的形象展现出来，放弃"来日方长，慢慢了解"的想法。**因为机会，从来不会等着任何一个人。

在一次应届生校招面试中，某世界"财富500强"企业的面试官发现，一位面试者的身后紧跟着他的父母。从面试者与父母的神态举止可以看出父母是来陪同面试的。这位面试者还没有递上简历，面试官就已经在心里否定了他。这位面试官解释说，因为他看上去缺乏独立自主的精神，我们很难相信他在今后的工作中可以面对各种困难和挑战。

我们在日常生活中经常会听到这样一句话："我一看就知道他是一个什么样的人。"这其实说的就是第一印象。人们通过察言观色的"一看"，在几秒钟的时间里，就对你的过去经历与未来发展下了定论。在大型招聘中，面试官每天面对数以百计的求职者简历或者面试人员，在最短的时间内做出印象评价，已然成为一种工作需要。能够在几秒钟的时间里做到脱颖而出，吸引住面试官的眼睛，引起他的兴趣，使他愿意对你有更深入的了解，也是一种应聘技能。几秒钟里我们能完成什么？唯有留下好的印象。

第一印象决定能否开启机遇的大门

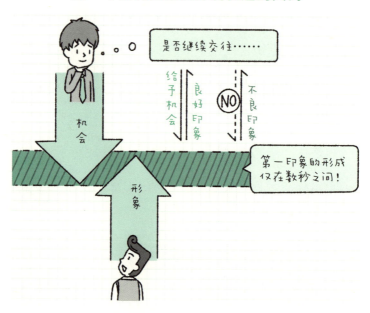

❗你没有第二次机会去留下第一印象

第一印象的好与坏，几乎决定着人们是否能够继续交往。而在职场上，它意味着你能否获得更多的机会。留给他人的第一印象，如同在一张白纸上作画，一旦开始就有了画笔的印迹，起笔若是没有画好，则会影响后面的笔触展开。即使在后面的交往中，我们不断地改善形象，这幅画或多或少还是会受到最初败笔的影响。也许我们最终会修复成功，但我们也付出了相当多的时间与精力。与其如此，不如在开始作画时，我们就开个好头，给他人留下一个良好的印象。

只有留给人们好的第一印象，你才能开始第二步。

——海罗德（美国勃依斯公司总裁）

职场小路灯

● 第一印象在职场中有着不容忽视的重要作用。而留下好的第一印象，抓住开场的前几秒很关键。塑造一个符合职业期许的专业形象，将为职场新人带来更多的机会。

博士总结

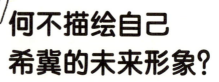

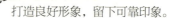
打造良好形象，留下可靠印象。

何不描绘自己希冀的未来形象?

通过描绘出清晰的目标形象，一点点实现并给予他人这样的印象!

● 在职场社交中，重要的并不是你是一个什么样的人，而是你在他人心目中是一个什么样的人。想要给他人留下一个好的印象，就需要我们有目的地进行印象管理。

描述出自己的未来形象

西方有句名言："你可以先装扮成'那个样子'，直到你成为'那个样子'。"那个样子，其实就是我们预期的未来形象。

在平时的工作与生活中，我们不难发现，大多数成功的商务人士，看起来都会有一种自信、沉稳的气质，他们的言谈举止也自然而然地给人们留下了深刻的"专业"印象。一个人如果看起来都不可靠，那么他人也很难相信交付给他的事情可以处理得很好。看起来成功的人，总是能赢得更多的机会。那么在机会来临之前，我们必须让自己有一个清晰的职业形象。

首先，为自己设定一个心目中所期望的形象，然后一步一步地朝着这个梦想前进。比如，蔬菜公司里内向羞涩的小米，希望三年以后，自己能够拥有干练、自信的精英女性形象。她应该怎样做？在开始之前，小米需要思考两个问题：如果我是成功人士，我希望留给他人什么样的印象？在我所了解的成功人士当中，谁的形象与我梦想中的形象最为贴近？小米可以将希冀的职业形象照片张贴在她可以经常看到的地方；拿出纸笔，将他（她）形象中的可取之处具体到每一个细节都描绘出来，比如，气质是怎样的？服饰搭配有什么特点？说话是平易近人还是富有感召力？有没有常用的或者特别的肢体语言？性格上有什么吸引人的地方？……然后依据这些具体的印象元素，小米可以从模仿开始，也可以结合自身的特点，为自己制定出详细的形象改进目标。

一点点靠近自己希冀的形象

另外，在平时的工作与生活中，有意识地训练自己也很重要。多阅读领袖人物、成功人士的传记，让自己按成功者的方式去思考；多学习重要场合人们的穿着打扮以及坐立行走的姿势与状态，让自己的言行举止都像一位精英人士；多模仿魅力人物的说话方式与肢体语言，让自己散发出超强的感染力。这些都能帮助我们实现希冀中的美好形象。

梦想中的形象一旦设定了，就不要轻易否定，要充满自信地去坚定执行。在外形上与成功者靠近，让自己看起来就像是一个成功者，是我们迈向成功的第一步。

明确动力、巩固信心

自己都无法相信的事情，别人也是很难相信的。而自信极富感染力，你的信心同样能为他人树立信心。对于公司的领导而言，都渴求充满自信的人才。因为自信的力量，能让领导们相信，这位员工可以出色地完成任务，达成公司的既定目标。而对于员工来说，他们也喜欢充满自信的上级。自信的力量让他们看到激情和希望，使他们能够在工作中奋勇拼搏。自信是一种磁场强大的信念，它将人们引向成功。

而自信与动力常常相辅相成。我们需要清楚自己为了什么而努力——是为了提升自己的工作能力，还是为了提高生活的质量，或者其他原因。**明白了自己的动力源，也就能撑过不自信的艰难时刻。**比如小米，想成为干练自信的精英女性，是为了改变内向羞涩的自己，并提高生活的质量。那么这些原因就是小米行动的动力根源，能促使她鼓起勇气、重拾信心去面对困难；而有了自信，则更会有动力去攻克眼前的困难。

因此，描绘出自己希冀的未来形象之后，要根据自己的动力根源为自己设定清晰的目标，并不断巩固信心，坚信下一个成功者就是自己。在自己的衣着品位上，在自己的举手投足间，都向成功者看齐，表现出成功者应有的形象。这种给予他人自信的印象，不单单是外表上的尝试，更要从内心去建立自信，并坚定自己的信念，义无反顾地坚持下去。

循序渐进地做好印象管理

罗马非一日建成，良好的职业印象也无法一蹴而就。**印象管理是一个循序渐进的过程，需要我们因时制宜地去完成。**从职场新人到职场老手，再到职场高管，人们所渴望的"印象"是有不同的。**我们应根据自己的梦想设定，有步骤、分阶段地去完成自己希冀的未来形象。**

对于小米来说，可以先拟定自己的职业形象规划。比如第一年侧重进行形体等方面的训练，培养自己独特的气质；第二年学习专业的管理课程，让自己更加专业；第三年通过提升业务能力，做到中层管理的岗位；第四至五年成为公司的中坚力量，拥有自信干练的职业形象等。接下来进一步分解最近一年的目标——在形体、声音、笑容和眼神方面，我需要做哪些优化和改进？每三个月我要达到一个什么目标？——制订合理、详细的计划，甚至可以具体到每天锻炼身体多少分钟，练习发声与微笑多少分钟……每当掌握了适合自己的方法时可以记录下来，方便在此基础上继续勤加锻炼。

　　继而我们可以进一步为自己做好印象管理：如果各项印象目标满分是 10 分，一年后我应该分别达到怎样的分数？一年以后，根据我们的印象管理成果，对长期目标和短期目标进行再次修订和执行。如此循环往复、不断改进，就可以帮助我们建立起日渐清晰的成功者印象。

基本

留给他人的印象，比自我的印象判断更重要。职场中要有目的地做好印象管理，让自己看起来就像一个成功者。先在脑海中形成这个意识吧！

- -

活用

找到你的形象榜样，从模仿开始练习吧。

职场新人，你是否有信心一路微笑着昂首前行？

　　职场犹如战场，你在勇往直前的过程中，只有不断征服与你交手的人，才能获取经验值与智慧的宝箱。除了自身隐藏的本领与技能，你知道印象力也是一件关键的武器吗？

打造你所向无敌的印象力

- ☐ **第1章** 初次印象与"惊鸿一瞥"
- ☑ **第2章** 提升印象力的基础与关键
- ☐ **第3章** 提升印象力实用技巧大盘点
- ☐ **第4章** 被忽略的用武之地
- ☐ **第5章** 蛙空印象力的二三事
- ☐ **第6章** 印象管理小测试 Ready? Go!

第**2**章

提升印象力的
基础与关键

基础 A：印象管理
先从外在形象的维护开始

TOPIC
2-1
职场第一课·
印象管理

● 职场如战场，外在形象需要工具与行动来维护。

公司临时安排我去给客户送合同，为了给客户留下好的印象，出门前我特地化了妆。可是路上下起了小雨，妆有点儿花了，头发也湿湿的。这是意外事件，客户应该不会在意的吧？

整洁的仪表可以给他人留下好的印象，但是也需要我们时刻去维护，尤其是在职场中。出门在外，难免会遇到意外情况，这就需要我们考虑周到，提前做好准备，以便随时随地都能做好的印象管理。

🔒 你不需要天生丽质，但你需要良好的仪表

人际交往中，我们往往通过自己的所见来对他人

的职业、地位、学识、性格等方面做印象评定。而初次见面时，最先映入眼帘的，就是对方的仪表。仪表是我们整个外在形象的总称，它包含了我们的容貌、发型、体态、着装及配饰等。

一个人的仪表往往可以反映他的精神状态，从而影响人们对他的第一印象。良好的仪表能呈现出干净利落、积极向上的精神面貌，会让人赏心悦目，并在他人心中留下愉悦的印象。这能成为人际关系的"通行证"，让人愿意与其接近并深入交往。想象一下，那些看上去干净整洁、修饰得当的人，是不是总会被贴上正面的印象标签，诸如：精致的、认真的、细心的。在职场中，这样的效果更有利于工作的开展。而一个糟糕的仪容仪表，会让人产生排斥甚至是厌恶的心理，从而有意地与其保持距离。

在职场中，人们很难相信，一个不修边幅并且看上去总是稀里糊涂、慵懒散漫的人，可以把工作做得井井有条。因为很多时候人们是从仪表中读取信息来判断对方的专业能力和素养，比起简历，仪表更能带来直观的效果。这也是为什么面试官在挑选出满意的简历后还要安排面试的原因之一。

作为职场人士，良好的仪表不仅仅是自身职业发展的需求，也是公司形象的需要。在公司的经营过程中，为客户提供的服务一般都是由员工来完成的。在客户看来，一个形象邋遢、不在状态的员工，可能代表着其背后的公司松散无序、管理不善。因而，我们看到很多在一线与客户直接接触的岗位招聘中，都会

印象需要严谨的维护

对应聘者的面貌、身高、性格等有所要求。新人入职后，还会进行相关的仪表培训。

　　尽管不是每一个人都天生丽质，但是通过修饰、打扮，以及后天的培养，每一个人都可以拥有良好的仪表。

❗仪表美的两个原则

　　想要在职场中做到仪表美，就要遵循两个原则：一个是干净整洁，另一个是修饰得体。

干净整洁对照表：

☐ 面容干净，没有坐污。

☐ 衣服整洁，没有污渍。

☐ 鞋面洁净无尘，袜子无异味，女士丝袜无破损。

☐ 头发梳理整齐，不油腻、不掉头皮屑。

☐ 勤洗澡，身上无汗味、异味。

☐ 口腔干净，齿面无食物残渣，口气清新。

☐ 双手指甲不要过长，并定期修剪，指甲中没有

　　污垢。

☐ 不露鼻毛、腋毛，男士胡须干净，女士妆容整洁。

修饰得体对照表：

☐ 服装不超过3种颜色，色彩协调。

☐ 服装风格统一，正式场合穿正装和皮鞋。

☐ 服装与配饰适合办公场合，不过于另类。

☐ 女士化淡妆，妆容适合职场，不夸张。

☐ 商务场合不穿背心、超短裙、拖鞋。

☐ 女士不涂色彩明艳的指甲油。

☐ 使用清新淡雅的香水。

🔒 维护好的印象，细节决定成败

你知道吗？试图给他人留下好的印象，从而费尽心力精心打造的良好仪表，很有可能由于意外的小状况而功亏一篑。人们常说细节决定成败，在印象管理当中，也是同样的道理。为了应对意外状况，我们必须在细节上做好准备。

维护好的仪表，自然少不了工具。**那些常用的小**

工具应该放在我们的随身包里。 我们的包里至少应该有小镜子、干湿纸巾、口香糖、迷你两用伞，女士的话还应该带上补妆用品、梳子以及备用丝袜。在职场中，我们还需要注意以下形象维护的细节。

● 口香糖最好是条状纸包的，瓶装口香糖会随着身体的活动发出哗啦啦的撞击声。当着客户的面不要嚼口香糖，这会显得非常没有礼貌。

● 在风沙、尘土较多的地区，要及时用纸巾清理面部、眼角、鼻翼、鼻孔以及耳朵、颈部的脏污。油性肌肤或混合性肌肤应每隔 2 ~ 4 小时用一次吸油纸。

● 尽量不在公共场合里梳理头发或者化妆、补妆。如果有需要，应该避开他人，到洗手间内完成。梳理完头发后，清理掉衣服上粘的断发及头屑。

● 如果有细小碎发或者新发长出，最好随身携带一小瓶发胶，为其定型。

● 与人面对面交流前，不吃有明显气味的食物。与人一同用餐，口中不能发出过响的声音。口中含着饭时不开口讲话。

● 饭后应该立即漱口，清除口腔残渣，有条件时可以用茶水漱口，有助于清除异味。

● 在他人面前，不剔牙缝、不修剪指甲、不掏耳朵、不挖鼻孔、不挠痒、不抠脚。

● 因感冒而频繁地咳嗽或打喷嚏时，与客户事先沟通说明，或者争取改期约见；不能改期的，需要备好口罩和纸巾。

● 与人沟通得体，切忌太过热情或者始终冷漠。在公众场合交流，音量达到对方能够听清即可，不宜大声喧哗。

❗良好的印象管理，重在坚持

只要我们留心观察就会发现，那些注重仪表的人，无论何时遇到他们，其得体的外在形象都会给我们带来良好的交往体验，因此他们才会给人留下深刻的印象。与人交往并非是一朝一夕的事，每一次接触都是相互加固印象的过程。我们不能因为第一次给客户留下了良好的印象，从此就掉以轻心。精心做足的印象功课，如果半途而废，这其中的反差有可能令他人对你失去兴趣甚至是产生厌恶的情绪。**要记住，良好的印象管理，需要持之以恒地维护。**

职场小路灯

博士总结

● 良好的外在仪表并非一次性营造出来的，而是通过精心打理、定期维护形成的。从现在开始随身携带整理仪表的小工具吧！只有长久的良好形象才能让客户对你产生深刻的好印象，继而才会产生持久的信赖。

基础 B：交流方式
也是一种印象管理

● 不可忽视的形象传达渠道——声音、笑颜与眼神！

QUESTION

我想参加公司即将举行的业务组长竞选。为了能够给大家留下"胜任者"的印象，我特地购买了更有质感、更合身材的职业装，并且修剪了一个看起来更精神、更阳光的发型。这样的形象是不是胜出的概率更大？

ANSWER

好的外在形象当然能够给人留下深刻的印象。从不在意形象到主动提升形象，说明你已经开始重视印象管理，这是职场中成长的一种表现。但是，他人对你的良好印象并不仅仅来自你的穿着和打扮，它与你所使用的交流方式也息息相关。

通常情况下，人与人之间的第一印象，来自自己的亲眼所见。而接下来，当两个人开始交谈，我们就能从对方的声音、笑颜和眼神里读取到更多的印象信息。

真诚的笑颜，印象力的敲门砖

想象一下，此刻你的对面站着一位社交对象，他可以是任何一种社会角色。他与你交流，比起面无表情、一脸沉闷，真诚微笑是否更容易获得你的好感？

有人采访美国金融巨头查尔斯·斯瓦博是如何成为富豪的，他诙谐地回答："我的笑容价值百万美元。"的确，面对一位时常带着笑容的人，人们更倾向于认为他的事业和生活都是成功的。这种正面的情绪不仅可以感染对面的交际对象，在人际交往中还能使他人产生一种被接纳感。心理学家进一步认为，笑不仅仅影响人们的情绪，更影响人们的决策。人们在心情愉悦的状态下，态度会变得积极和乐观，做出的决定也充满希望。

由此可以看出，**保持笑容不仅能够为我们在人际交往中的形象加分，还能够将这种正能量传递给他**

人，使得人与人之间的障碍消除，从而进行更深入的交流。

当然，这样的笑颜也是有讲究的。真诚的笑容尤其具有打动他人的魔力。因为当人们发自内心地感到愉悦并流露出笑容时，分布在眼睛周围的肌肉会接收到这种快乐的信号，让眼睛也展示出迷人的笑容，令他人无法抗拒。

给印象加分的交流方式

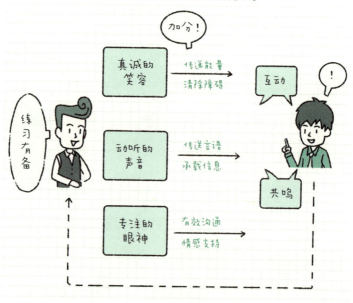

有人也许会说在职场中一直保持真诚笑颜很难。**但其实通过我们对心态的调整和日常练习，也并不是不可能长期拥有打动他人的真诚笑颜。**

职场笑颜的自我训练

● 心怀感恩，每天感恩一个人或一件事。

● 与陌生人目光相接时，主动微笑，感受人与人之间距离拉近的力量。

● 将筷子横着咬住，对着镜子练习微笑。

● 把保持笑颜当作一种习惯。

🔋 动听的声音，注意力的磁石

我们开口说话，发出声音，这似乎是一件再自然不过的事情。然而你知道吗？声音也有乐音与噪音之分。乐音是饱满的，充满活力的，含有丰富的感情；而噪音是刺耳的，单调乏味的，让人产生厌烦的情绪。

很多人认为声音本天成，即使听起来不那么悦耳也是没有办法的事。可事实并非如此，**声音是完全可以训练的**。"铁娘子"撒切尔夫人的外表和风度给人们留下了深刻的印象，但是她原有的尖细刺耳的声音，曾一度给她的政坛工作带来影响。后来，她请来音质专家做指导，重新开始练习发声，令其变得柔和而更加适合公众演讲。这为她后来的政坛之路赢得了更多的支持。

在与他人的交流过程中，声音不仅仅是我们的语言传送带，更是信息的载体，它包含了非常丰富的、非言语之内的信息。最明显的例子就是打电话。在通话中，我们并不能看见对方，也没有其他的信息提示。两个人交流的内容可能仅仅是枯燥的工作而已，但是我们可以从通话中感知到对方的状态如何，对待工作是充满信心还是毫无头绪，是满腔激情还是带着怨气，这些并不需要语言来直白地阐述，声音已经向我们说明了一切。

富有活力的声音让人感觉精力充沛，宽厚低沉的声音让人感到安稳权威。**这些动听的声音总是能够牢**

牢地抓住人们的注意力，帮助强化我们的形象。

职场声音的自我训练

● 反复观看公众演讲，模仿演讲者演说时的声
调、语气及节奏。

● 有感情地大声朗读戏剧作品，体会不同情景
下所需声音的不同。

● 在日常交流中，语速适中，不宜太快或太慢。

● 说话时注意节奏，要有适当的停顿，留给他
人思考、反应的时间。

● 声音响亮不刺耳，透彻不含糊，铿锵有力，
向他人传递信心。

●正式场合要避免地方口音和不文明用词。

专注的眼神，共感的牵引线

我们可以利用身体的很多部位去传递信息，然
而，最微妙的信息却在眼睛里。在面对面的沟通中，
比如职场会议、谈判、竞聘等，每个人都希望留给对

方良好的印象。通过技能训练，我们可以保持积极的笑颜、改变天生的声音，然而眼神中传递出的信息却来自你的内心。你是自信还是自卑，你是兴奋还是颓废，你是信任还是怀疑，全都反映在你的眼神里。

其实，人类天生就对眼神敏感，从进化的角度来看这并不难解释。在早期语言还没有出现时，人们外出捕食摘果，对抗猛兽，都需要协作，而眼神交流是最好的方式。即使是现在，还没有掌握语言能力的新生婴儿也用眼神来表达他们的情感与需求。

在职场中，我们每天需要面对各种各样的人，能否有效地沟通，眼神交流起了很大的作用。一个专注倾听的眼神，可以让对方感受到支持的力量，这种被信任的感觉会给人留下深刻的印象。而飘忽不定的眼神，通常被认为是"不感兴趣"的信号，会让他人产生怀疑："他到底有没有在听我讲话？"

然而，专注的眼神并非长时间地盯视对方，那样反而会让人感到失礼，甚至被威胁。**正确的做法是，在倾听对方说话时，向其投以他所需要的情感支持的**

眼神，比如迫切的、赞许的、认同的眼神等，以达到共感的效果，让交流顺利深入。为了避免不经意间出现长时间盯视的情况，除了对方的眼睛，我们也可以注视对方眼睛与鼻子之间的三角区域、对方的衣领部位。这样既不会让对方产生尴尬的情绪，也能让对方读取到你眼神中的信息。**有共鸣与互动的交流，自然会让他人对你产生好印象。**

职场小路灯

博士总结

●好印象不仅仅来自得体的外在形象，我们的笑颜、声音和眼神也同样会对它产生深刻的影响。平日里只要掌握好方法并多加练习，注意交往中的礼仪与禁忌，这三样就一定能为我们给别人的印象加分！

提升印象力的关键 A：
考虑场合、学会变化

TOPIC
2—3
职场第一课·
印象管理

● 出席不同场合前先做出主动判断，正确着装提升印象力！

QUESTION

　　来公司有两个月了，没想到给大家留下的是"刻板"的印象。同事说因为我无论什么时候都穿着职业装，给他人的感觉就是喜欢一成不变。得体的职业装可以提升我的职场印象力，可是穿上以后为什么会适得其反呢？

ANSWER

　　职业装可以提升一个人的专业形象，它也是大多数人的工作着装。但这并不意味着我们随时随地都要穿着它。在不同的场合，面对不同的人群，我们应该有所变化，讲究着装与人、与场合的和谐。

🔒 你的着装正在悄悄告诉对方你是怎样的一个人

美国心理学家亚伯拉罕·马斯洛在《人类激励理

论》中提出人类有五种需求，它们分别是生理需求、安全需求、社交需求、尊重需求和自我实现需求，由低层级向高层级依次实现。着装对于我们人类而言，正是经历了这样的过程。它在不同的阶段满足着我们不同的需求，由最初的生理需求——遮羞、保暖，发展到了社交需求——装扮自己，引人注目。如今在职场上，着装被越来越多的人重视，因为它需要满足我们更高的需求，即尊重需求和自我实现需求。

你穿得邋邋遢遢时，人们注意的是你的衣服；当你的穿着无懈可击时，人们注意的是你。

——香奈儿（法国时装设计师）

在人际交往中，一个人的穿着打扮往往反映着他的职业身份、审美品位、社会地位以及文化素养。同时，我们也通过自己的着装去表达自己：我是怎样的一个人。在潜意识里，我们想要留给他人什么样的印象，我们就会据此来装扮自己。比如，想要展示自己的活泼，我们会穿上色彩艳丽的着装；想要表现自己的成熟，我们会选择简洁深色系的套装，等等。着装已经成为一种无声的语言被我们应用。那么，在不同的场合下应该穿什么样的服装呢？**我们只需记住一个原则即可，那就是"和谐"，人与服装和谐，服装与场合和谐。**

⚠ 下一刻我会遇见谁——人与服装的和谐

美国科学家富兰克林曾说过："饮食也许可以随心所欲，穿衣却得考虑给他人的印象。"在思考穿上哪一套服装更靓丽或者更帅气之前，不妨先想一想，接下来我会遇见谁？**对方的性格特征、所在的行业以及在这次约见中我们与谁同行，扮演什么样的角色，都是我们需要考虑的因素。**

如果对方是比较保守的人，我们穿上嘻哈风的服饰显然是不合适的。还没有开口交谈，对方可能已经在心里给你投了一张否定票；而面对思想新潮的人，我们的穿着如果太过古板，会让对方质疑你与他之间是否有共同语言。在严肃的行业里，人们的穿着一般趋向于简洁、大方、色彩单一，比如科研人员、医务工作者等；而在时尚气息浓郁的行业，人们的穿着更倾向于彰显自己的个性，比如设计师、歌手等。在职场中与不同性格、不同行业的人约见时，我们可以在穿着上略投其所好，给对方留下"品位相投"的印象，拉近彼此之间的距离。

根据场合营造好印象

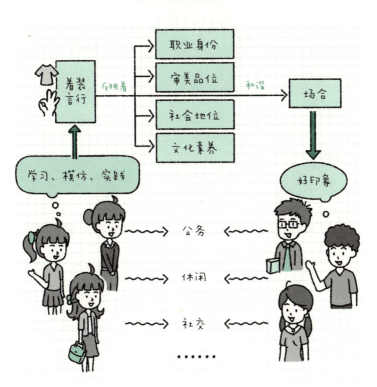

和不同身份的人同行，我们的着装也应有所区别。与领导、客户同行，适宜穿着端庄大气、面料有质感的服饰，用以展现公司的美好形象以及雄厚的实力；与一线劳作者同行，则舒适大方、适合劳作的工装服更为合适。**同时，要考虑在这次约见中，自己是主动角色还是被动角色。** 会被大家的目光所聚焦的，是主动角色，比如领导、讲师、主持人等。反之则是被动角色，如来宾、观众、参会人员等。在着装上，主动角色应比被动角色更加讲究、隆重；被动角色不宜穿得太过引人注目，以防带来喧宾夺主的负面效果。

❗下一刻我会在哪里——服装与场合的和谐

在不同的场合里会有不同的文化与社会规范，我们在着装上需要符合这些隐形的要求。没有人会相信，连穿着打扮都理不清的人，会将生活和工作安排得井井有条。"分清场合，穿对服装"既是尊重他人的表现，也是展示自己、享受不同文化的机会。

● 严肃的公务场合

办公时间里，得体的穿着打扮不仅能够展现个人的精神面貌，还能够带动工作氛围。在较为严肃的场合，西装是着装的首选。一身笔挺、有质感的西装能够给人留下"有文化""有教养""有风度""有权威"的印象标签。

然而，并非将西装穿在身上就会立刻有这样的效果显现，还有一些细节需要我们注意。首先，在出席正式场合的时候，身上的服饰以及包包的颜色不能超过三种，袜子与鞋子同色或颜色相近。其次，如果是新购置的西装，要将袖口处的商标拆掉。最后，不能穿休闲鞋搭配职业装，应当穿上洁净无尘的皮鞋。

在严肃的场合，仅仅拥有得体的着装是不够的。不得体的言行举止会令我们精心打造的形象功亏一篑，甚至给他人留下轻浮的印象。我们需要做到表里如一，言行上也要认真谨慎，才能给予他人专业细致的印象。

●活泼的休闲场合

与工作时间的严肃着装相比，休闲场合里人们的着装要轻松得多。无论是团队拓展、部门聚餐还是集体出游，"舒适、自在"是这种场合下着装的首要考虑因素；其次，无论我们选择哪种风格的休闲装，都应尽量保持整体协调。比如 T 恤配牛仔裤、合身的运动套装等都是永远不会出错的经典搭配。实际上，休闲场合的着装体现着我们社会角色的延伸，我们可以在此时展现自己的个性；即使是与职场伙伴、领导一起活动，只要着装不出格就没有问题。在这种场合下，人们都比较放松，言行没有太多的拘束，适当的幽默与搞怪能够增添不少活跃的气氛。这些都能够帮助我们丰富留给他人的印象标签。

尽管在休闲场合我们的穿衣打扮有很大的自由空间，但这并不意味着我们可以随意穿着。低廉劣质的面料、长短不一的线头、肆意凌乱的褶子、毫无风格的混搭，都会使你留给他人的印象减分。因为在大多数人看来，无拘无束的你才更接近真实的你。在完全放松的情况下毫无形象可言，很难在他人那里取得信任。

● 正式的社交场合

社交场合是指工作之余在公众场合和同事、商务伙伴友好地进行交往应酬的场合，它包括舞会、宴会、音乐会、聚会和拜会这五种。社交场合是一个注重礼仪且氛围轻松的场合，因此在着装与谈吐举止上不能太过严肃，亦不能太夸张。

社交场合的着装主要有午服、小礼服、大礼服之分。午服又叫略礼服，是白天外出做正式拜会访问时穿的服装。小礼服介于午服与大礼服之间，又叫准礼服或鸡尾酒会服。大礼服即晚礼服，是女士正式礼服的最高层级，也是充分展示身姿与个性的礼服。即使是少有机会穿礼服，作为职场人士，也应备上一两套面料高档、做工精细的礼服，以备不时之需。

对于职场新人来说，不同的场合下需要穿什么

样的服装，除了需要学习以外，更需要时间来模仿和实践。在前期拿捏不准的情况下，我们可以遵循下面的安全着装法则：鞋子、腰带、公文包同色或相近；黑、白、灰是和谐色，与任意颜色都搭配；不穿过于杂乱、鲜艳、暴露、短小、紧身的服装；男士穿西装时，全身颜色控制在三种以内。

职场小路灯

●在职场中，我们的着装不仅体现着个人的素养，也代表着公司的形象。面对不同的人和不同的场合，我们应当学会因时因地着装，既要遵循社会规范，又要尊重他人，不能仅凭个人喜好来做决定。

博士总结

提升印象力的关键 B：
能否"演出"到底

● 印象的打造其实就是特定形象的自我演出。

QUESTION

　　在不同的场合下，面对不同的人，我们的表现就不同，留给他人的印象也就不同。这样会不会让他人觉得我们有虚伪的一面呢？待人处事就好像在演戏一样。

ANSWER

　　我们的生活本身就是一个大舞台，每个人都有自己需要扮演的角色，我们是在因时因地按照自己的角色来演出。当你的表演符合这个角色的设定时，人们往往就会认为，你就是本色出演。

生活就是一出舞台剧

　　提前一刻钟来到公司，办公室里总是一派热闹的景象，同事间相互调侃，或是聊着八卦，话题一个接着一个。这个时候，总经理来了，为了维护自己"好员工"的形象，大家立刻回到自己的工位，开始紧张忙碌地工作。而昨晚陪客户到凌晨的总经理，实际上早已疲惫不堪，为了维护自己"好老板"的形象，他不得不放弃更舒适的休闲衣，穿上西装，打起精神准时上班。前台的客服在电话中被不理性的顾客骂了个狗血淋头，在面对下一个来电时，为了维护"好公司"的形象，快要流出眼泪的她，声音依旧甜美。这样看起来，每个人都在表演。

美国社会学家戈夫曼提出了"戏剧理论"一说。该理论认为：社会是一个舞台，全体社会成员是在这个舞台上扮演不同角色的演员。他们都在社会互动中表演自己，塑造自己的形象并更好地达到自己的目的。**实际上，我们的日常行为，并不是自己的本能反应。它是在特定情境下，为满足他人期待和自我期待而进行的活动。**在公司里一向雷厉风行的高管，到了家里可能是温言细语的父亲、事事顺从的儿子。这是因为在不同的情境下，他承担了不同的社会角色，需要满足他人不同的期待。在公司，他满足员工"有领导力"的期待；在家里，他满足孩子"和蔼可亲"的期待，满足父母"孝顺懂事"的期待。如果我们的行为不能满足角色期待，他人就会觉得难以适应。比如，公司肯定无法接受穿着睡袍去上班的员工，不仅仅是领导，连身边的同事都会觉得不可思议。

"演出"到底，留下深刻印象

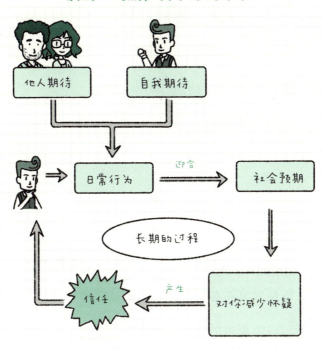

演出到底就会成为本色演出

我们作为生活的表演者，其实和艺术舞台上的演员是一样的。单纯靠外在的着装和打扮，注定不能成为一个优秀的演员。那么，怎样才能演出人们所期待的角色形象呢？

我们首先需要弄明白的是，对于自己在某个特定情境下的角色，他人会有怎样的期待？一一列出标准，然后严格地按照理想中的标准去执行。例如，作为一名初进公司的员工，想要展现踏实、肯干、愿学的形象，那么应该什么时间到达公司，到了公司以后第一件事应该做什么，在工作比较空闲的时段需要做哪些事，遇到不懂的问题如何向老员工请教等。

每一个舞台都有台前和幕后，表演者在台前努力演好角色，到了幕后就会卸下角色的包袱放松自己。在生活中我们也是如此。**尽管每个人都有不同的角色，但是只要还在角色的状态里，我们就会努力迎合社会对这个角色的预期，拼命想要做一个好演员。**而到了幕后，比如回到家里，或者一个自己独处的私密空间，就是我们放松休息的时刻了。但这并不意味着在幕后我们就完全没有表演的成分存在。我们会有一种针对自我的表演，将自己塑造成自己喜欢的形象，比如喜欢健硕的自己，就会去运动健身；喜欢有学问的自己，就会去博览群书。

在一次成功的艺术表演谢幕之后，观众无意之中撞见在剧中扮演感情专一而深情角色的演员，正通过电话辞色俱厉地提出离婚要求，那一刻的落差感是很强烈的。在我们的职场生涯中，这种情况也会经常发生。例如一位深受大家爱戴的上级，突然被曝出经济丑闻，这违背了员工们对他的预期形象，就会招来大家强烈的不满，之前的好印象会大打折扣。我们将这称为"表演崩盘"。因此，**表演并非是一时的行为，而是始终伴随着我们的生活，我们需要演出到底。**

对于职场新人来说，常见的错误行为是，为了留下良好的第一印象花了很多的工夫做准备，最终也见到了成效，但是由于不善于做印象管理，没有持续并强化自己的角色表演，很快就代入了与社会期望不相符的形象，反而使负面形象加深。当我们表现的行为与人们对角色的预期不相符时，人们就会对你曾经的表演产生怀疑。反之，**当我们的"表演"一直符合人们的预期，人们就会减少怀疑，逐渐产生信任，认为这是你的本色出演，对你的印象也越来越深刻。**举个很简单的例子，作为同期入职的新员工，小米每天都准时到公司，而小洋偶尔会迟到，那么在身边同事们的印象里，小米才是遵守时间、认真律己的那个人。

职场小路灯

●印象管理是一个长期过程，我们不能只顾经营好第一印象，而忽略了后面的持续印象。确定好自己的角色，严格按照标准执行并且"演出"到底，你就会成为你想成为的那种人。

博士总结

提升印象力的关键 C：
重复并改善好行为，形成好习惯

● 职场好印象不能只是临时营造，还需改进并养成习惯。

QUESTION

　　为了增加印象力，如果每天都专注于角色表演，会不会让人感到身心疲惫？假设某一次演出出现失误，那之前所有的努力都白费了。怎样表演才能轻松无误地完成呢？

ANSWER

　　在角色演出的开始，我们会有一些刻意和不自然，这是很正常的。但是每一次的演出，都可以被看作一次练习。所谓熟能生巧，多次练习后就能很好地适应了。我们不断地重复并改进，最后会养成一种良好的习惯。

🔒 人们总是按照自己的习惯来做事

　　在我们的日常生活中，有 90% 的行为都是出自习惯。当我们把提升印象力的角色表演当成一种习惯

时，就能够轻松应对了。当然，一个新习惯的养成必然要经历一个过程。

古代先哲亚里士多德说："总以某种固定方式行事，人便能养成习惯"。也就是说，所谓习惯，其实就是某一行为的重复性练习，然后形成一种行为模式。当我们养成习惯以后，行为就会变得非常自然，似乎不需要大脑发出指令就能够完成。

一般来说，习惯的养成需要经历三个阶段。最开始是**顺从期**，我们会在表面上接纳能够帮助我们改善印象的新习惯，在行为上尽量表现得和要求一样。而我们的内心会感觉有些刻意、不自然，所以总是需要去提醒自己。在这个阶段，我们的行为还处于表演初期，没有发生什么实质性的变化，而且特别容易受到外部因素的干扰，放弃新习惯的养成。经历过这一阶段后，我们会进入**认同期**。我们在行为上表现刻意，但是变得比以往自然，同时还需要意识来控制。我们在心里主动地接纳了"改善印象"这一想法，比顺从期更深入一层。我们的行为不再是被动式的，而是主动地、有意识地去做出改变，使自己在行为上尽可能地接近完美印象的标准。接下来是**内化期**。在此期间，新的行为习惯已经完全与我们自身相融。我们没有任何的不适感，反而是不这样做就会感到不适。我们的行为是不经意间发生的，非常自然，不需要意识来控制。这个时候，我们的习惯已经养成了。

提高印象力需要在重复中改善

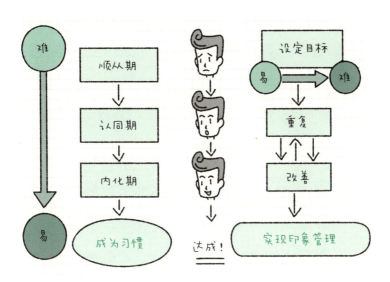

🔒 重复并改进，好印象就会不断地加深

在职场中，我们都会有这样一种体验：与之频繁接触的同事，彼此间的印象就会比接触少的要更深入一些。这其实就是重复的力量。当我们不断地去重复做一件事时，大家对此的印象就会逐渐地加深。比如一个品牌，它的宣传口号不断地重复出现在广告中，就是希望能够让客户加深对它的印象。同理，如果我们不断地去做同一件事，别人也会对我们印象深刻。

对于提升印象力来说，我们不妨先从小事做起。无论是着装打扮，还是言行举止，按照理想中的角色标准，重复做下去。比如我们想给他人留下"工作认真"的印象，那么在写每日的工作总结这件小事上，就不能三言两语一笔带过，也不能开头三天热、认真几次后又敷衍了事。这很难给他人留下好的印象。

事实上，无论做什么事，第二次总是要比第一次来得更容易一些。**我们不妨给自己设定一个印象管理的目标，从简单到复杂，依次提升**。然后设立一张"自省卡"，在卡片上罗列出自己的角色标准，细化到

每一个点，比如：淡妆上班、保持微笑、服装得体等。每晚睡前根据自己当天的行为做个对照，并做出评分，思考还有哪些地方需要改善，**以此来不断强化自己的印象管理意识，以及不断在重复中改善自己的形象和印象管理技能，直至形成习惯。**

　　印象管理是职场的必修课，而非讨好上司的工具。无论是面对老板还是客户，同事还是同行，我们都需要始终如一地重复做好印象管理。当所有的人对你的评价都是"专业"时，这就会成为一个既定事实——你就是一个专业的职场人。

职场小路灯

●冰冻三尺，非一日之寒。想要提升印象力，需要一点一滴的坚持，需要不断地重复和改善，直至养成习惯。从生活中的小事练习起来，你会感觉更容易达到自己理想的目标。

博士总结

打造良好形象，留下可靠印象。

形象
代入法

应对不同场合感到吃力的时候，代入相对应的擅长此领域的憧憬对象吧！

● 对于初入职场的新人来说，也许还没有来得及做好准备，就需要应对各种各样的商务场合了。如何能够在紧张的节奏中保持良好的形象，做到万无一失呢？实践证明，向他人学习是最便捷的办法。

 向他人学习，是快速提升印象力的捷径

第一次与客户谈合作，第一次主持会议，第一次组织行业活动……职场新人总是会面对一个又一个的第一次。怎样去说，怎样去做，怎样才能够给他人留下深刻而美好的印象，是每一个职场新人都需要去思考和解决的问题。对于一项新的知识或者技能，我们一般有两种途径来学习，一种是自我摸索，一种是向他人学习。显然，向他人学习会更快一点。不妨说，模仿与学习是我们人类重要的生存技能之一。因此，在印象管理方面，我们不妨向那些成功人士学习，以此来提升自己的印象力。

一个人之所以会成功，一定是他的身上具备许多优秀的品质。这些品质可以说是成功的精华所在。这就为我们提供了宝贵的可供模仿学习的经验。**尤其是在提升印象力方面，成功人士的言行举止我们可以直观获得，学习起来也就更加容易。**从而，我们可以减少出错的概率，少走许多弯路，在更短的时间内提升自己的印象力。

尝试形象代入，言行都向榜样学习

找到一个合适的学习对象很重要，因为它会直接影响我们的学习成果。成功的人士有很多，但并不是每一个都适合我们去模仿学习。如果金融圈的从业者，向艺术圈的标杆人物学习着装打扮、言谈举止，这显然就不太合适了。所以，最好是选择自己所在行业的领袖人物，因为他们的职场形象与自己的角色更加相符。**一个正确的榜样，不仅能够激励我们去实现自己的梦想，更是在一言一行上为我们做出了良好的示范。** 如果在日常的行为举止中，我们能够不断地尝

学习正确的榜样来应对吃力的场合

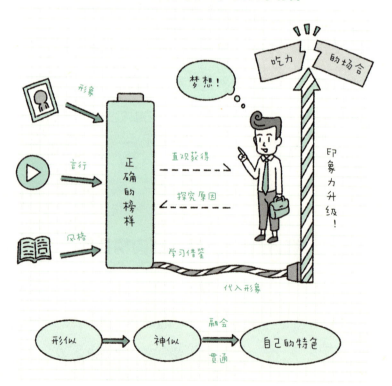

试形象代入，想象在此情此景下，榜样会有怎样的言行，然后按照他的标准去做，那么我们的专业形象就会不断地得到提升。

如何来学习榜样的言行呢？首先，我们可以将想要学习模仿的成功人士的照片，张贴在醒目的位置，随时提醒自己要向对方学习。我们可以观看这位杰出人物的公众演讲视频，阅读有关他的传记、报道，以及他写的书，参加他的讲座等，了解关于他的一切。接下来细致地罗列出在不同的场合下，他的穿衣风格、形象特征、说话腔调、行为方式、肢体语言甚至面部表情等。在平日里有意识地对照着模仿学习。**当我们遇见应对吃力的场合时，我们就可以使用形象代入法，按照榜样的着装打扮和言谈举止去面对。**在最初的时候，我们可能会感到有些不自然，但是只要不断地去模仿、重复、坚持下去，就能够做到习以为常了。

子曰："三人行，必有我师焉。"除了向领袖式的人物学习，我们还可以向身边的人学习。**无论是我们**

的上司、同事还是客户，只要对方在某方面给我们留下了深刻的印象，我们就可以去探究其背后的原因，然后尝试形象代入，模仿学习。通过不断地改进，就能做好印象管理，提升我们的印象力。

在学习中不断升华和超越

模仿有两种境界，一种是"形似"，一种是"神似"。在印象管理方面，我们的模仿并非单纯地复制他人的行为，而是要学习行为背后的动机，从"形似"走向"神似"。有句话是这样讲的："善学者，学根本，是为胜；不善学者，学皮毛，必败无疑也。"盲目地模仿学习，是很多职场新人爱犯的错误。比如只学习他人穿西服系领带，却不学习服饰的搭配，于是导致穿错颜色、衣装配错鞋子等情况；或者生搬硬套他人的装扮而不注重细节，结果出现职业套装严重不合身等状况，反而给人不精致、粗心大意的印象。我们在学习的时候，不能仅看外在表象，而是要先弄清楚为什么。当我们真正了解到他人在个人印象管理方面成功的原因所在，才能够脱离单纯的模仿，融会贯通地形成自己的特色印象。

基本 模仿是学习的开始，不断地应用形象代入法，不断地做自我形象修正，就可以从"形似"做到"神似"，提升印象力。

活用 找出你心中的职场榜样，罗列出他在个人印象管理方面值得你学习的地方。

职场是提供成长的土壤，但也是竞争的修罗场！

即使递出了名片，为什么他人还是记不住自己？今天也淹没在人群里了吗？怎样才能比他人更快地打通前进的关卡？本章中各种实用的小技巧教你塑造脱颖而出的职场形象！

打造你所向无敌的印象力

- ☐ 第1章 初次印象与"惊鸿一瞥"
- ☐ 第2章 提升印象力的基础与关键
- ☑ 第3章 提升印象力实用技巧大盘点
- ☐ 第4章 被忽略的用武之地
- ☐ 第5章 蛀空印象力的二三事
- ☐ 第6章 印象管理小测试 Ready? Go!

第3章

提升印象力实用技巧大盘点

树立
形象标志

● 从外观的细节开始，打造并演好自己的角色！

QUESTION

　　自从学习了印象管理以后，我就开始注意自己的形象，也模仿他人的言行举止，但感觉效果并不明显。比如上周参加了一个招商会，会后我与那些交换过名片的人联系，能感觉得出来，他们大多对我没什么印象。这真令人沮丧。

ANSWER

　　罗马非一日建成，想在短时间内给他人留下深刻的印象也并不容易。它需要一些时间和技巧来逐渐加强。模仿成功人士的穿着打扮、言谈举止，可以帮助我们准确而快速地进入角色，但是盲目地模仿，则会让我们失去辨识性。

🔔 每个人都有与众不同的标志

　　博士的助手艾玛初到蔬菜配送公司辅助大家提

升印象管理技能时，面对着装整齐、面孔陌生的众学员，最常用的沟通方式是，"请这位戴黑框眼镜的同学来回答一下""你是这里身高最高的，麻烦你带领大家到室外集合"……诸如此类的例子，在我们的日常生活中也很常见。**每个人的身上都有一些标志性特征，可能是具有个人标志性特点的服装、配饰、表情、动作和习惯等。之所以能够成为标志，不仅是因为它在某些方面的与众不同使得人们更容易识别，还因为它的反复出现加深了人们对它的印象。**

毫无疑问，**标志性特征影响着我们的工作与人际关系。**在公司的对外会议上，主持人的挑选会优先考虑"口齿伶俐的人"，也许恰好大家都认为你是这样的人；公司新开拓的业务通常不会交给"缺乏责任心的人"，尽管这也许是你一直想尝试的新领域；或者你一直期待能与同事们共进午餐，但是在他们的眼里，你是一个喜欢独来独往的人，所以不便打扰……类似这样的场景每个人都或多或少地经历过。我们很容易发现，**正面的标志性特征会让我们拥有机会，而**

负面的标志性特征则会让我们失去机会。

为什么贴在我们身上的"标志"会影响到我们的生活呢？因为它让人们在处理问题、做出判断时变得省时又省力。我们每天都要接收和处理大量的信息，而人的精力总是有限的，这个时候大脑会选择走捷径，将信息快速分拣，留下最容易识别和记忆的那个，而其他的信息常常就被忽略掉了。**一个人的"标**

形象特征能加深印象、增多机会

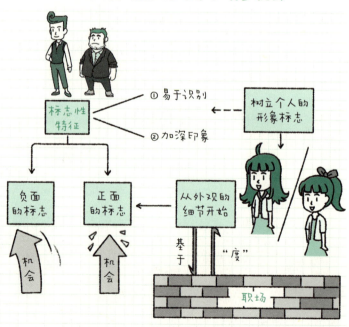

志"虽然来自他人的"信息分拣",但是很显然,我们可以为自己设计"正面的标志",以此来加深留给他人的好印象。

❗树立个人形象标志可以先从外观的细节开始

乔布斯在生前的每一场发布会上,都以高领针织衫、牛仔裤和运动鞋的形象出现在大家的面前,形成了一种标志性的穿着,打造了一个严谨的"极客"形象,令人印象深刻。一个人想要树立自己的标志性形象,可以从多方面开展,而最容易着手练习且效果显著的,是外观上个性化的细节。在职场上,我们需要专业的着装来传递"信任与权威"的信息,但是这并不意味着我们的服饰就必须千篇一律。要知道,在同样的装扮下,我们很难发现人与人之间有什么不同,更何况这种装扮可能已经造成视觉疲劳。因此,**在职场着装的基础上增加一些个性化的元素,是我们跳出这种削弱辨识性的职场困境、彰显与众不同的好方式。**

　　小米初来公司时，依自己的个性喜好来穿着打扮。在学习印象管理技能的过程中，她开始注重职业化的装扮。为了验证自己的学习成果，私下里她询问艾玛："我现在的形象如何？"艾玛认真地打量后回答："看起来比以前专业，但是缺乏个性。"这令小米非常困惑，职业化与个性化更像是两个对立面，这两者怎么能做到协调统一呢？

　　其实，想要拥有既职场化又个性化的形象并非难事，只要我们从细节处入手就可以了。首先对自己的形象与气质做一个综合分析，了解自身的长处与短处。然后以扬长避短的原则来增强个性化的细节标志，比如：服装的颜色与款式、配饰的风格与质地、头发的长短与造型、眼镜的形状与材质等。和大多数职场新人一样，小米穿的是黑色西服加白色衬衣，这种随处可见的搭配自然难以出众。如果配上一条丝巾，那么就能增添不少色彩。不同花色的丝巾可以表现不同的个性，小米可以根据自己的角色定位来选择。想要表现热情与活泼，可以选用色彩鲜明一些的；想要表现理性沉稳，可以选用素色的。甚至丝巾的各种系法，都可以用来展现她的个性，从而成为别人眼中的"标志"，被人们快速而深刻地记住。**但要注意的一点是，个性化的细节设计是建立在职场基调之上的，拿捏好个性化的度，才不会出错。**

只要留心观察我们就不难发现，成功的职场人士都有"标配"。也许是固定的着装风格，也许是常年佩戴的饰品。这些"标配"其实就是他们个人形象的标志。这些标志的反复出现加深固化了形象，令他们成为人们眼中"令人印象深刻"的人。

❗巧用颜色与图案增强暗示效果

同样款式的套装，不同的颜色是在传达不同的信息；同种颜色的领带，不同的图案隐藏着不同的含义。同样的东西，不同的颜色与图案，会给人们带来不同的联想。

想要给他人留下不同的印象，不妨借用它们去增强暗示效果。

●职业套装的颜色暗示

黑色：独当一面，沉稳内敛

棕色：温和敦厚，善于倾听，亲和力强

灰色：优雅低调，坚强聪慧，中性主张

白色：完美主义，高标准，干练高效

红色：热情勇敢，活跃，行动力十足

绿色：心胸宽阔，蓬勃可塑

黄色：积极向上，温暖乐观

紫色：艺术气息，神秘

粉色：温柔体贴，善解人意，幸福

蓝色：稳重，智慧，宁静

●商务领带的图案暗示

素色：低调，百搭

斜纹：勇敢

方格：活泼，轻松

碎花：体贴，文艺

纵线：安然，严谨

横线：平稳，镇定

波纹：活力

圆形：规律

以上是一般情况下，不同颜色、不同图案的职业套装和商务领带会给人们带来的暗示性的感受。职场新人们也可以在此基础上自己体会并实践总结，巧用颜色与图案，给他人留下对应的场合所需的良好印象。

职场小路灯

● 每个人的形象标志就如同一件商品的商标一样，它既能展现出个人的与众不同之处，又能被人们快速地识别。基于职场基调，花些心思为自己设计一个具有个性但不过分的形象标志，并不断地去重复强化，就能够留给他人专业又易辨识的深刻印象。

博士总结

以退为进

● 有时不说话也能留下印象，择机露出弱点也是一种进攻。

QUESTION

　　实习期结束，主管为了锻炼我，让我独自约见潜在客户沟通合作意向，但是进展得并不顺利。每次见面，我都不停地在讲我们公司及产品的优势，可是大家根本没有兴趣听，总是找个托词就离开了。是因为我的形象不够专业吗？

ANSWER

　　"不停地讲优势"才是问题的根本所在。不关注沟通的对象，不了解对方的想法，自顾自地讲话，会让人觉得"不被尊重"。而一味地讲优点，不仅会给人留下"自大"的印象，还会让人质疑内容的真实性。

🔒 不急着说话，会令他人更愿意与你交流

　　每个人都有向他人传递信息的表达欲，当我们渴望着向对方诉说自己的所见所闻、所思所想时，对方

亦是如此。在一次印象管理的学习课上，负责记录进程的艾玛向大家提出了一个问题让每个人讨论。在场的人都急于表达自己的想法，结果只听见声音四起，但是每个人到底说了些什么，谁都不知道。在工作中，人人都需要表现的机会。有的职场新人想获得他人更多的关注与认可，总是非常积极地去表达，以争取给他人留下深刻的印象。殊不知，有时少说多听的人才更受欢迎。

人际关系的建立，是以交流为基础的，它增进了彼此之间的了解。很多人不懂交流的艺术，认为交流就是说话，其实不然。交流是双向的，它意味着有说有听，即交流双方之间，一方在传送信息时，另一方需要接收信息。也就是说，我们需要先接收对方传递过来的信息再做回应，而不是无论对方说什么，我们都只说自己想说的话。那不是交流，只能称之为自言自语式的表达。小洋与潜在客户谈合作总是碰壁，第一个问题就出在"不停地讲"上面。他没有仔细倾听对方的需求和想法，在对方的眼里会被看成是一个

"不会交流"，甚至"无法交流"的人，对方自然也就没有继续聊下去的欲望。

不说话很简单，管住自己的嘴巴就可以。但如何听，而且善于听，是需要技巧的。**做一个好的听众，首先要表现出真诚。**真诚地听是大脑跟着听到的内容去思考。当一个人"在真诚地听"，他的面部表情与"假装在听"时是完全不同的。尽管这些表情很细微，但依然逃不过讲话者的眼睛。除去真诚，**倾听还需要有耐心。**即使观点不同，我们也要听对方把话讲完，不能随意地打断。在听的过程中，适时地做出一些回应，可以是表情也可以是动作。这些细节都会让对方感受到被尊重，从而对倾听者留下良好的印象。

不急于表达，仔细地聆听对方说话，其实更能够获得表现的机会。在愉快的交流过程中，说话者总是会希望获得倾听者的信息反馈，可以有来有往地交流。**而仔细聆听的状态，也会引起说话者非常强烈的兴趣，想要迫切了解你此刻的想法。**这不失为一个以退为进的好策略。

以守为攻，以退为进

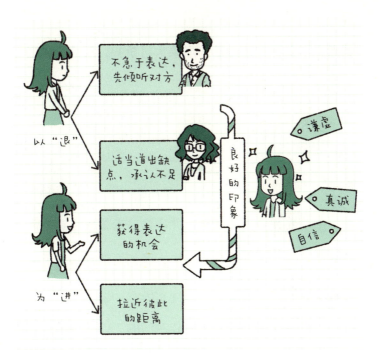

⚠️ 有时主动露出弱点，会令他人更愿意与你接近

人无完人，金无足赤，在大多数人的眼中，太过完美的人是有距离感的，难以接近的。而从那些不完美的人身上，大家总能找到共鸣，感觉彼此都是同路中人，从而更愿意与之接近。

085

　　在人际交往中想要给人留下好印象，除了主动出击外，还有以退为进这一招——择机适当地露出一些弱点，不仅不会让自己的形象大打折扣，反而会拉近与周围人的距离。当你想与他人拉近距离的时候，可以谦虚地透露一点自己不擅长的地方，让对方感到人情味，自然会情不自禁地搭起话来。露出弱点的时机在于双方真诚交谈、氛围较为宽松的情况下。**当然，我们主动暴露自身的弱点，并不意味着毫无保留，而应有所选择，尤其是在职场中，我们要选择那些无关紧要的弱项。**一位会计如果向老板及同事坦承自己行事一向马虎，那会让人在内心对他的工作能力画上大大的问号。

　　择机适当地道出缺点，甚至会让他人感受到你的真诚，大大地提升对你的信任度。在一次交谈中，小米向客户坦诚，公司配送的蔬菜卖相不如市场上的好看。因为都是绿色生态蔬菜，公司尽可能保持蔬菜的原貌不做干预。最终，客户下了不少的订单，因为在他看来，真实是难能可贵的。而那些长得不那么好看的蔬菜的品相，在他的眼里也变得不那么重要。

另外，**敢于承认自己的不足，也能够给他人留下"自信"的印象**。因为缺乏自信的人会拼命掩饰，想方设法地"藏短"，其背后的深层动机是"自我美化"。而那些认识到自己的缺点并渴求改进的人，潜意识里是希望"自我提升"。相较而言，人们更愿意接近那些积极上进且平易近人的人。

职场小路灯

● 不说话先聆听、择机露出弱点——这些也能给人留下好印象，是不是有点出乎你的意料？不过切记，在与人交往的进退之间需要掌握一种平衡，以让对方感到舒适为原则。切不可只图表现自己，不顾对方感受！

博士总结

逆流而上

TOPIC
3-3
职场第一课·
印象管理

● 巧妙运用熟悉性原则，调节接触频度留下好印象。

QUESTION

　　我是性格比较内向的人，属于在人群中很少被人注意到的那种。尽管一直很清楚职场社交的重要性，也很羡慕社交中的那些焦点人物，但是我还是不善于和他人打交道。这样的我应该从哪里去突破、提升印象力呢？

ANSWER

　　每个人的性格特征中都有优点和缺点，这是很正常的事，我们要学会接纳它。懂得扬长避短的人，一般留给他人的印象都不会差。对于不善社交的人来说，循序渐进地增强别人对自己的好感是稳妥且易实现的办法。

🔋 人们总是偏爱与熟悉的人接触

　　在蔬菜配送公司所有的同事当中，小米与小洋走得最近，两人平日里的关系也很好，在工作中彼此照应。入职之前，小洋对于小米来说，和其他的同事一样，都是陌生的人。因为两人一起进公司，又一起参加新人培训，所以彼此间熟悉了起来。越是熟悉，小米越是把对方视为职场中的"友好伙伴"。

小洋也有着类似的经历。作为业务员，小洋初入职场就跟着主管去参加各种各样的行业会议。起初，因为与大家都不熟悉，主管与同行交流时，小洋只能在一边旁听。随着参加这类会议次数的增加，小洋发现总是能碰见一些熟悉的面孔。大家由最初的点头示意到打招呼寒暄，到最后门儿清地聊起各种各样的话题，经历了一个越见面越熟悉，越熟悉越有好感的过程。

社会心理学家认为，人们会偏好自己熟悉的事物。**一个事物只要经常出现，就能增加人们对它的接受程度，这被称为"熟悉性法则"。**关于这个法则其实不难理解。远古时代人类的生存环境恶劣，抵御能力弱，每时每刻都面临着未知的危险。而面对频繁出现的事物，人类心理上会对其产生熟悉感，这种"熟悉"在一定程度上慢慢代表了"安全"。于是人类会渐渐放下戒备之心并尝试与之接近。**透过熟悉性法则，我们很容易找到提升印象力的方法。那就是：在人际交往中，如果你希望得到某个人的好感，就多找一些机会出现在对方的面前。**

调节接触频度留下好印象

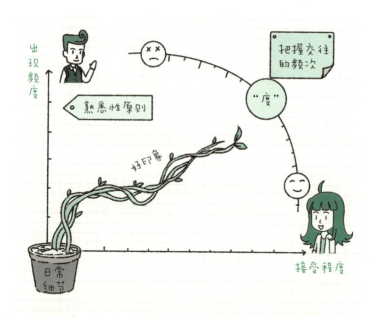

从日常细节开始快速建立熟悉感

即使是不善于社交的人，也能通过"熟悉性法则"提升自己的印象力,只要在一些细节方面稍加注意就可以了。频繁地出现在对方面前,并非指双方一定要面对面接触,而是指增加交往的频次。

我们可以通过各种各样的方式来实现,比如打电话、发邮件,以及在一些社交工具上互动等。即使彼此还不熟悉,主动与对方打声招呼,也能让对方注意到你。如果能够准确叫出对方的称呼或者名字,更能够加速提升这种熟悉感。在一些正式或非正式的会议、聚餐上,主动与对方坐邻座,既能让对方熟悉自己的面孔,又能增添更多的沟通机会。这些都是一对一增进好感的方式。

我们还可以借用工作中的诸多机会,"一对多"地来让更多的人熟悉自己。经常和同事们共进午餐、与一起加班的伙伴们分享小零食、在会议上积极地发言、踊跃地参加集体活动等,这些细节都能帮助我们在人际关系中"破冰",与周围的人越来越熟悉,让他人对自己越来越有好感。

❶ 熟悉性法则是把双刃剑

熟悉性法则发挥作用的前提是第一印象不能太差。如果一开始就给他人留下了不好的印象，那么就要通过其他的方式来改善，否则经常出现在对方面前只会适得其反。还有一种情况，熟悉性法则也不完全适用。那就是双方对彼此并没有什么特别的好感，也没有什么互相反感的理由，当两个人不接触时，没有什么矛盾，而一旦接触，双方的矛盾就增多。这种情况下，减少出现次数虽然不能增进好感，但至少不会破坏原本的印象。

虽然熟悉性法则能够增加彼此的熟悉程度，从而提升印象力，但是过度地出现在对方面前反而会降低好感，带来负面效果。要避免这一问题的出现，关键在于把握交往的频次，同时不能采用千篇一律的接触模式。要知道，长时间地接受同一种信息，人们很容易产生倦怠和厌烦的情绪。例如，有些职场新人把社交工具当作印象管理的工具之一，为了给他人留下好印象，对于他人发布的信息全部点赞。偶尔的点赞可以让对方感受到你对他的关注。但是如果每一条信息都点赞，会让对方感觉你只是随手一赞而已，这个赞并没有什么实际的内容与含义。这样的"频繁出现"显然不会让他人对你产生好感。与其盲目点赞，不如时不时地在他人的信息下发表一条有价值的评论，通过文字的交流和情感的沟通来建立熟悉感，会让人印象更深刻。

职场小路灯

● 熟悉性法则在我们的日常生活及工作中随处可见。它在无形中影响着人与人之间的关系。熟练掌握这一法则，在细节处正确运用，在禁忌处及时控制，就能加强留给他人的好印象。

博士总结

双倍出击

●趁热打铁，抓住时机双倍提升印象力！

QUESTION

　　上周去参加展会，收集到不少客户名片。原以为就此可以展开业务、增加不少订单，令人尴尬的是，今天按照名片上的联系方式去给客户打电话，对方不记得我是谁了。怎样才能加深初次见面的印象呢？

ANSWER

　　人的记忆力是有限的，即使有过一面之缘，彼此有过简单的交流，事后完全不记得对方也是很寻常的事。如果不能在短时间内给对方留下深刻的印象，那么就需要我们双倍出击，在事后趁热打铁、及时跟进，逐步增强给他人的印象。

📌 职场中，有事没事常联系

　　人们在社交之后与人临别之时，有句常用语，叫

"有事没事常联系"。即使是正式的场合，也会道一句"再见"。再见的意思并非是各奔东西再也不见，而是期待能够再一次见面。这都说明，人与人之间的关系是靠多次接触建立起来的。

越来越多的职场新人已经意识到职场人际关系的重要性，只要有机会与精英人士接触，都会非常积极地索要名片。他们认为收到的名片越多就是认识的人越多，这样有利于工作的开展。而事实上，对于厚厚的一叠名片，很多人要么从来没有联系过，要么拿起电话不知道该怎么联系。有时即使是联系上，对方也早已忘记你是谁，沟通的效果自然也就不那么理想。这些从未真正派上用场的名片变成了废纸，它不能代表你已经与名片上的联系人建立起了真正的人际关系。可见，一面之缘很难建立起稳定的关系。**初次相识时建立的人际关系最为薄弱、不牢靠，这个时候就需要我们趁热打铁，及时地跟进，与对方多多接触，不断地给对方留下印象。**

🔖 交换名片之后完善记忆

在与他人交换名片之后，我们可以借助纸笔或者手机等电子产品，在最短的时间内记录下对方的信息。这些信息可以是他的公司概况、工作能力、兴趣爱好等。这样可以帮助我们更好地记住对方。如果有机会，与对方拍一张合影更佳，既能增进感情，又方便存储记忆。

及时联系、跟进关系、加深印象

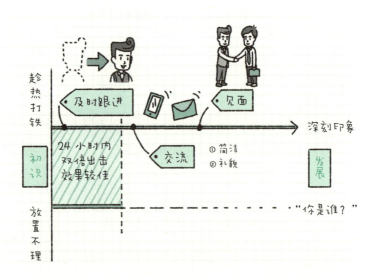

在与对方跟进关系的时候，我们可以将照片发送给对方，令其对我们的形象记忆犹新。即使没有合影

的机会，也没有关系，我们可以借用其他的工具，比如，在邮件的个人名片中，植入自己的工作证件照。

🔔 与初识的人跟进关系的注意事项

一般来说，在与人初次见面后的 24 小时内，跟进双方关系的效果比较好。 发邮件、打电话或者通过网络社交工具进行联系都可以，具体要看你所在的行业氛围和行业习惯。如果是在氛围严谨的行业，发邮件是最佳的选择，既显得正式，又不会打扰对方；如果是氛围比较轻松的行业，打个电话或者在社交工具上发送信息，都是可以的。而一旦超过一个星期没有联系，彼此初识的热情则已不在，甚至很有可能对方已经忘记了你的模样。

在开始的阶段，我们可以多聊一些双方都感兴趣的话题，或者是工作上相关的交流。 此时千万不能提出请求对方帮助自己的要求，不然会让对方对你产生负面印象，认为你和他的频繁接触带有很强的目的性，从而有了防备心理，不愿与你再深入交往。

097

对于建立更稳固的印象而言，**线上沟通十次不如线下见面一次**。所以，如果可能的话，把对方约出来，一对一地当面交谈，可以令你们的关系增进不少。这种邀约可以是工作性质的，也可以是私人性质的。在邀约的时候还要注意对方的时间安排，千万不可强行邀约，给对方的工作和生活带来困扰。

关系跟进的邮件应该怎么写

这里我们侧重介绍联络邮件的注意事项，是因为在很多正规的社交礼仪与商务的办公场合中，发邮件是关系跟进首选的联络方式。写邮件的好处是：方式显得谨慎有礼，内容可以边想边表达，沟通时逻辑清晰。给对方发邮件之前，我们最好先了解一下对方的背景，比如个人履历、公司背景等。这样做既有利于在后续的沟通中不会唐突，也方便我们展开话题交流。

第一次跟进的邮件，书写的内容一定要简单，不要拖泥带水，长篇大论。可以写一点具体的内容，与当时见面的场景或者谈话的内容相关最好。比如感谢对方组织的活动，对方的某个观点令人受益匪浅等，这样双方都有共同的记忆和沟通的话题。最好不要写过多的"真高兴认识您""认识您是我的荣幸"之类的客套话语。这样除了会得到一个同样客套的邮件回复之外，对方并不能对你有什么特别的印象。

邮件内容简单并不意味着我们的礼仪也得简单。在邮件的末尾，一定要附上自己详细的联系方式，包括姓名、职位、公司名称、电话、传真、电子邮箱、网址、公司地址等，给对方留下正规的印象。将这些信息做成带有个人照片的名片形式，放在邮件的末尾，效果会更佳。

职场小路灯

●印象管理是一个不断重复，不断加强的过程，即使在一面之缘后给对方留下了深刻的印象，如果不能及时跟进，双倍出击，这种印象也会随着时间慢慢淡去。有技巧地跟进，可以让你达到事半功倍的效果。

博士总结

记忆种植

● 留下印象、让自己的名字被他人记住的简单技巧！

QUESTION

　　来公司有一段时间了，可是最近我尴尬地发现，公司里的同事能够准确叫出我全名的很少。这是不是说明我给大家留下的印象并不深刻？怎样才能让大家记住我的名字呢？

ANSWER

　　对于还不太熟悉的人来说，如果我们能够准确地叫出对方的名字，那么说明对方已经在我们的脑海里留下了或浅或深的印象。与其千方百计地想要让他人记住我们的名字，不如先喊出对方的名字引起他的注意。

🔒 记住他人的名字就能获得印象加分

　　名字对于每一个人来说都有着非凡的意义。它不仅是一个人区别于他人的重要符号，还是个体"形"

与"神"的载体。当我们提及一个人的名字时，会唤醒对这个人的整体印象的记忆，他的形象会浮现在我们的脑海里。每个人都渴望得到他人的尊重，这其中就包括我们的名字被他人准确地记住这一项。

小洋对此深有体会。在最初与同事们交接工作的文件中，有的同事误将他的名字写成小阳或是小杨。虽然都是相同的发音，小洋也明白这是彼此间还不熟悉的缘故，但仍然觉得误写的名字中带着一种没有被认真对待的态度。好在乐观的小洋与大家沟通了自己的想法，名字不仅没有再被误写过，反而让更多的人加深了对他的印象。

其实，**如果我们想要他人记住自己的名字，不如首先去记住对方的名字。因为人们总是尽量以相同的方式，来回报他人为自己所做的一切。**这就是心理学中著名的"互惠关系定律"。美国著名的人际关系学大师卡耐基说过，"如果想要给人好感，最简单、最明显而又最重要的方式，莫过于能够随口喊出对方的名字"。对于初次见面的人来说，想要记住对方的名字确实是一件难事。然而，正是因为这众人皆知的困难被打败，才能给对方带来意料之外的惊喜感，从而让对方留下深刻的印象。不仅如此，因为被尊重而引发的好感，会让对方立刻对你产生兴趣，迫切想要记住你的名字并且深入地了解你。如果见面或者电话沟通时，只是觉得对方"似曾相识"，却迟迟想不起名字，不得不询问对方是哪一位，此时双方都会觉得气氛尴

记住对方名字，会促使对方也记住你的名字

尬。众所周知，职场中的人际关系在一定程度上影响着我们的工作。因而，**记住他人的名字既是一种社交礼仪，也是一项有利于开展工作的基本能力，它能帮助我们做好人际交往中的印象管理。**

记住他人的名字就能获得印象加分

我们总是惊叹那些随时能够记住他人名字的人拥有超强的记忆力。其实这种记忆力并非天生，而是通过有目的、有技巧的长时间训练形成的。想要快速记住他人的名字，我们可以通过以下的方法来练习。

●观察法

对于第一次见面的人，在沟通的过程中，我们可以通过观察对方的外在特征、说话方式以及习惯性动作等，把这些具体的内容与名字结合起来记忆，这样名字就变得不那么抽象了。

103

●联想法

对于外在特征、性格特征，或者是名字比较特别的，我们可以采用联想法来记忆。把这些内容联想成一个与名字挂钩的备注点，以此记住对方的名字。

●重复法

在对方介绍自己的名字的时候，我们要仔细聆听。如果听得不太清楚，或者对个别字不能确定，我们可以请求对方再说一次，也可以在听清楚以后当即重复一次。这样做既能加深印象，又能让对方感受到被重视的诚意。

●记录法

这个方法适合有固定座位的场所，比如办公室、会议厅等。职场新人面对陌生的同事，可以先画出公司的工位简图，然后依次写下各个工位上同事们的名字。接下来反复将工位上的人与记录表上的名字比对，多次重复之后就能准确记忆了。

●故事法

每个人的名字背后都有一段故事或者一个寓意。我们可以通过了解对方名字的由来，使名字中看似偶然组合在一起的字变得更有趣味性，从而方便记忆。

●合影法

向初识的人主动邀请合影，能够很好地传达出"很高兴认识你"的信息。合影之后，我们可以立即在照片上备注上对方的名字，或者将照片保存在社交工具里。多次查看后，不仅能够记住对方的名字，对对方的形象也会记忆深刻。

职场小路灯

博士总结

●互惠关系定律告诉我们，当对方从我们这里获得尊重时，其通常也会回报以尊重。因此，想要被他人记住名字，先从记住对方的名字开始吧！

打造良好形象，留下可靠印象。

印象
演绎技巧

加入适当的小心机——给他人留下头脑聪明的印象！

● 每一位职场新人都会对自己未来的职场之路有所期待，因此在初涉职场时，内心都会强烈地寻求认同感。如何让对方感觉自己头脑聪明、足够专业、综合能力强？跟上行业节奏，掌握最新术语，是我们加固印象力的必备小诀窍之一。

用专业术语传递专业信息

专业术语一般是由专业人员通过大量的研究与实践之后做出的提炼，它是语言浓缩后的精华。大多数情况下，专业人员在内部沟通时都会使用专业术语来交流。因为常用的专业术语大家都能明白，无须过多的解释，这就提升了沟通的效率和准确性。辅助印象培训的艾玛一开始就向蔬菜配送公司的员工们讲解了什么是"印象管理"。在后续的交流中，就一直使用"印象管理"这一专业术语。如果每次艾玛都将专业术语展开来说，比如将"我们需要做好印象管理"说成"我们需要做好管理和控制他人对自己所形成的印象的过程"，显然既累赘又增加了沟通的成本。

既然专业术语是专业内容的高度概括，那么在一般人看来，沟通过程中能够熟练运用专业术语的人，就是掌握了该领域专业知识与技能的人。因而，**如果想要给对方留下足够专业、能力很强的印象，不妨多掌握一些专业术语，并且在交流时灵活运用。**

了解与掌握专业术语并不一定要局限在自己的行业，我们还可以跨界。如今没有任何一个行业是独立存在的，随着互联网、物联网等新兴科技的飞速发展，行业与行业之间的跨界合作也越来越多。多掌握一些时下热门领域的专业术语，比如品牌推广时会用到的 SEM（search engine marketing，搜索引擎营销），仓储管理中会用到的 SKU（stock keeping unit,

库存量单位）等，这些跨领域的热门术语可以让对方对你刮目相看，认为你是一个头脑聪明、综合能力很强的人。对于那些熟悉这些术语的人来说，也更加愿意与你交谈。他们会认为遇到了一个"懂行"的人，因为你已经给对方留下了专业的好印象。

分清场合，用对术语

熟练而又准确地运用术语，可以为我们的印象加分；但是频繁使用术语甚至乱用术语，却会给我们带来负面影响。小米刚做客服时就因为专业术语的问题多次碰壁。每当有客户向小米了解她公司的产品及服务时，小米都会非常热情地介绍公司是配送有机蔬菜的 B2B（企业对企业）和 B2C（企业对消费者）定制平台。但是往往没聊两句，客户就没有再继续了解的欲望了。因为一开始，小米就用专业术语将客户拦截在外。专业术语虽然能够提升沟通效率，但是它的最佳使用范围是在行业内交流，即在有相关领域知识的人们之间。对于日常消费者来说，"有机蔬菜""B2C"这样的概念是生疏的、模糊的。小米虽然向他们做了介绍，但是这样的信息传递方式无疑是无效的。专业术语要说，但是什么时候说、应该怎么说、跟谁说，都是我们需要学习的技巧。

在沟通过程中，我们以"有效沟通"为准则，即我们的表达要能够让对方明白且理解无误。在上述的例子中，小米向客户介绍的内容如果改为用术语加通俗易懂的解释来表达，效果就会好很多。比如"我们是专门做有机蔬菜配送的 B2B 和 B2C 定制平台——有机蔬菜就是不使用农药化肥，B2B 和 B2C 定制就是我们根据企业或消费者个体所下的订单，针对他们的不同需求来采购并配送。"这样的沟通方式，既体现了专业性，又能够让不熟悉专业术语的人准确理解。

面对不同的人，即使是描述同一件事，我们也需要学会灵活运用不同的表达方式。如果对方是对于专业术语的接纳有明显滞后性的人，比如年长者，这种情况下就没有必要说专业术语了。尽量以通俗易懂的语言去表达，反而能增加好印象。人与人之间沟通的目的就在于彼此能够更好地传达信息并理解对方。

另外，即使是面对专业的人，频繁地大量使用专业术语夸大自己的实力，想要以此来获得对方的认

正确使用术语，塑造专业形象

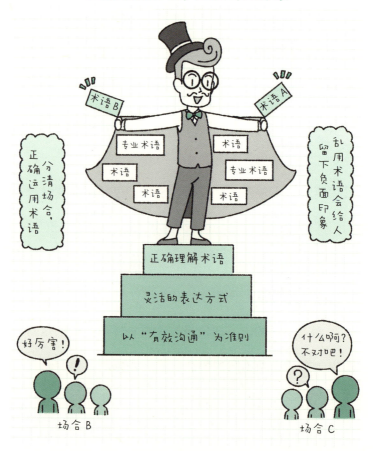

可，反而会给他人留下目中无人、骄傲自大的印象，同时这也是缺乏自信的一种表现。对于职场新人来说，最常见的错误，除了频繁使用专业术语，还有对专业术语的不求甚解——对于术语的理解只停留在表面，纸上谈兵甚至错误使用。这种情况，很容易被职场老手识破，之前留存的好印象都可能会毁于一旦。所以在运用专业术语之前，我们需要在脑海中对其有一个基本定义的确认过程。倘若对术语的用法与含义并非十分肯定，则应避免盲目使用，并在事后迅速查找相关资料进行学习和巩固。

PRACTICE STARTS
课后作业

 基本

使用专业术语能够提升沟通效率，为职场印象加分。在实际运用中要分清场合和沟通对象，乱用术语、滥用术语都是需要竭力避免的。

 活用

列出 20 个与你所在行业相关的专业术语，并深入地学习它们直到能够灵活运用。

英雄且慢！暗藏玄机之处是否有所遗漏？

　　今天遇到"战友"也面无表情地擦肩而过，作战会议迟到 5 分钟道个歉就好……这是不行的！君不知，在日常不起眼的小环节里，也有能磨砺你的印象力的各种机会！

打造你所向无敌的印象力

- ☐ 第 **1** 章 初次印象与"惊鸿一瞥"
- ☐ 第 **2** 章 提升印象力的基础与关键
- ☐ 第 **3** 章 提升印象力实用技巧大盘点
- ☑ 第 **4** 章 被忽略的用武之地
- ☐ 第 **5** 章 蚌空印象力的二三事
- ☐ 第 **6** 章 印象管理小测试 Ready? Go!

第**4**章

被忽略的用武之地

两声招呼的力量

● 简单的招呼也能体现你的协调性，确立你的形象！

QUESTION

　　在上个月的员工互评中，我收到了"不够热情"的评价，原因是平时与大家碰面没有主动打招呼……我感到很委屈，这并不是真实的我，没有打招呼是因为我跟大家还不熟悉，不知道应该怎么说。

ANSWER

　　想要给他人留下好印象，先从影响身边的人开始。作为职场人士，同事对我们的评价很重要，它是我们在做印象管理的过程中一个重要的信息反馈。日常打招呼，是树立良好形象的开始，无论熟悉与否，我们都应主动打招呼。

⚠ 两声招呼的力量

　　见面打招呼是人与人之间的基本礼节，它能够体现一个人的综合素养。对于公司新人来说，主动与同事们打招呼，能够让大家更快地认识你，是与周围人快速熟络起来的法宝。反之，每次碰面都漠然或者回避，没有任何语言及动作的交流，会给他人留下"难以接近"的印象。这显然会影响到我们的职场人际关系和日常工作的开展。

职场的"两声招呼"，不仅可以帮助我们处理好与上司及同事的关系，还可以为自己赢得不少印象分。上下班时主动与人打两声招呼，可以展示出对他人的关注与尊敬，体现我们的真诚。看似简单的打招呼，形成一种习惯后，就能使自己留给他人的好印象越来越真实、深刻。

打招呼也有讲究

在公司里，我们每天都会和许多同事碰面打招呼，然而真正的打招呼不是走形式，它也是有讲究的。不恰当的打招呼方式，不仅不能增加好的印象，反而会破坏我们的形象。那么，如何正确地向他人打招呼呢？

115

见面时简单的招呼也有讲究

●微笑

如果你不知道如何与他人打招呼，那么就先给对方一个微笑吧。微笑是人与人之间表达愉悦的一种方式，是我们与他人沟通情感的重要语言。面带微笑地同身边的同事打招呼，可以让他们感受到你发自内心的友好与真诚，从而消除彼此间的隔阂，减弱防御心理。如果你在这方面还不太擅长，可以每天对着镜子练习。

●声音

除了微笑之外，打招呼的声音也非常重要。声音太小含糊不清，对方听不真切，会感觉你并非真心实意地想打招呼。当然，声音太大以致嘈杂也不好，会让对方摸不着头脑，甚至有不被尊重的感觉。实际上，打招呼的声音以双方可以听清楚为宜，可以正常交流就好，无须刻意掩饰或者宣扬。同时要注意，打招呼时的语速不能太快，否则有敷衍之嫌。

●表达专注

在打招呼的时候，无论是微笑示意还是开口说话，我们都要看着对方的眼睛，这是对他人的基本尊重。如果在与上司打招呼的时候左顾右盼，会让人感觉有意躲闪，显得非常没有自信。一般来说，我们在与他人打招呼过后，对方都会有回应。如果有交谈，一定要仔细聆听对方说的话，切不可未等对方说完就急急地走开。

117

●变换方式

总是用同一种招呼用语显得单调乏味，其实我们可以有一些变化。除了常用的"你好"、"Morning"（早）等，我们也可以根据天气情况或同事身上的亮点，比如新发型、新着装等来打招呼。经常变换一下话题能给人带来新鲜的感觉，继而加深对你的印象。

●留意称呼

对于初到公司的新人，还不太熟悉怎么称呼别人时，则需要多多留心观察了。听听身边同龄或同级别的同事是如何称呼对方的，用心记下来，下次遇见也用同样的称呼主动与对方打招呼，往往能够给对方带来一丝意想不到的惊喜，从而对你印象深刻。

❗打招呼也有禁忌

打招呼切忌不分场合与情境。比如午休时间，迎面看见同事刚刚从洗手间出来，这时候你问一句：

118

"吃过饭了？"显然就不合适。下班时与同事道一句："回家啦？"有明知故问之嫌，远不如道一声"明天见"来得更漂亮、更让人有所期待。在公共场合遇见同事，如果距离比较远，那么无须大喊大叫地打招呼，注视着对方，当两人目光相遇时，微笑着点头示意就可以了。在电梯里遇到认识的人，打招呼时则不可以谈与个人、公司隐私相关的事情，更不能拿对方的弱点当众开玩笑。

打招呼切忌啰唆拖沓。打招呼是一种礼节，有时一个真诚的微笑示意，或者简短的一声招呼语足矣。比如对方可能正有任务在身，而你反复向对方找话题闲谈，不顾及他人的感受，就会给对方留下啰唆拖沓的印象，以致下次碰面避之不及。

职场小路灯

博士总结

●一个人身在职场，如果不能给身边的同事留下好的印象，那么他既难以顺利开展工作也难做好印象管理。上下班的两次招呼是职场中的小事，却是迅速拉近人际关系、树立好形象的开始。

119

五分钟
等待的价值

● 为自己创造从容不迫的空间才会有更多的机会。

QUESTION

　　公司近期将举办一次客户答谢会，虽然没有组织这方面活动的经验，但是我很想挑战一下自己。然而当我去申请的时候，上司直接拒绝了，理由是我上班经常迟到。我很困惑，上班迟到和组织一场活动有什么关系呢？

ANSWER

　　上班迟到和是否有能力组织一场活动，看似没有必然的联系，但是经常迟到的人会给他人留下"没有时间观念""不注重效率"的不良印象。在时间就是金钱的商业社会中，人们很难对不遵守时间的人产生信赖感。

❗ 迟到总是让我们错失机会

　　人们往往会通过一些小事来判断对方的性格特征，其潜在的意识是为了更好地了解这个人。这样的了解可以让我们拥有一定的预判能力，判断当他遇见某件事时会有怎样的行为。虽然这种预判并不是百分之百的准确，但是它是我们的大脑快速处理繁杂信息的一条捷径。从职场的角度来说，这种预判的目的就是为了降低出错的概率。因此，上司因为小洋经常爱迟到的问题而拒绝他的申请就变得很好理解了。上司不希望将公司的这个重要任务交给一个很可能会出差错的人。

时间对于每个人来说都是一样的，而成功者不过是更好地利用了时间。无论是在商业活动中，还是在职场社交圈，"诚实守信"都是排在第一位的。**而遵守时间恰恰就是"守信"的一种表现。反之，经常迟到会让人觉得你缺乏可靠度。**对于经常迟到的人来说，总是有太多的"意外"发生，比如"熬夜了""起晚了""堵车了""临时有事耽误了"……这些看起来是外部的原因，其实大多都是为自己的拖沓而找的借口。

如果你真心不想迟到，你就能够做到不迟到。经常迟到的人，其实潜意识里一直认为"迟到一会儿没什么大不了的"。可事实是，**迟到会损坏我们给他人留下的好印象，总有一些迟到会让我们错失机会，也许是至关重要的会议，也许是心仪已久的岗位，也许是三年一次的晋升……到最后，让我们后悔不已。**

当经常迟到已经成为一种习惯，那么我们就需要一个新的好习惯来打败它。养成提前 5 分钟等待的习惯，会让你的世界大不一样。

📢 留出 5 分钟的时间去等待

无论是上班还是开会，面试还是赴约，请提前 5 分钟到达，预留出等待的时间。提前到达，可以让我们从容不迫，为每一件事做好充分的准备；提前到达，可以让我们遵守时间，不失信于人，获得他人更多的尊重与信任。

● 上班前的 5 分钟等待

小洋虽是职场新人，但是似乎每天都是忙忙碌碌的，总是很晚才休息。负责记录印象管理项目的艾玛向他了解情况后发现，小洋并不是因为工作任务繁重而忙碌，他的忙碌是由不注重时间的价值，做事拖沓导致效率很低造成的。并且，晚上经常熬夜打游戏、追剧，因此早上起床困难，总想贪睡 5 分钟。于是就出现了上司说的经常迟到的现象。

提前 5 分钟，留下好印象，等待新机会

其实对于我们来说，多睡 5 分钟与少睡 5 分钟，并没有什么区别。然而早起 5 分钟，可以让你从容面对一天的工作与生活；而晚起 5 分钟，会容易让你感觉一整天都处在疲于奔命的状态中。

提前 5 分钟上班，给上司以及同事们留一个"我很重视这份工作"的好印象。利用好这 5 分钟的等待时间，打开电脑，整理一下办公桌面，泡上一杯清茶，然后查看自己的工作备忘录，开始梳理一天的工作流程。当他人百米冲刺只为打卡，或在路上千般焦急、万般无奈时，你对一整天的工作已经了然于心。在领导者的眼里，对工作越是从容不迫的人，看起来就越是有自信、能够胜任工作。

●开会前的 5 分钟等待

无论所处的公司是大是小，作为职场人士都会频繁经历各种会议。其实，会议也是工作的一部分，它是内部沟通工作的重要形式。因此，在会议组织者的眼里，按时开会是一件很重要的事。而不少的职场新人往往忽略了这一点，对会议不够重视，于是经常出现踩着时间点去开会，或者总要晚几分钟才去开会的现象。如果这个时候上司已经到场，那么显然留给对方的不是好印象。而周围的同事也因为等待你的到来，不得不拖延会议时间，这势必会引起大家的怨言，造成负面影响。因而，提前 5 分钟到达会场，很有必要。

● 下班前的 5 分钟等待

每到临近下班的时刻，小洋都会去上个厕所。偶尔的一两次可以理解，但是经常这样做，在他人的眼里这种明显的"等待下班"的行为，可能就是"无所事事""喜欢偷懒"的信号。

如果不是很紧急，去厕所的时间完全可以安排在正式结束一天的工作之后。在下班前 5 分钟的等待时间里，我们可以对一天的工作做一个小结，与同事们沟通一下工作上的进度或者障碍，然后对第二天的工作列一个大致的计划，做到善始善终。

● 赴约前的 5 分钟等待

参加面试，或者与客户约见，提前 5 分钟到场，会让对方对你印象深刻。你的准时赴约，会让对方感受到你的重视与真诚。面试官喜欢遵守制度的人选，客户喜欢信守承诺的合作伙伴。

在这 5 分钟里，我们可以整理一下自己的仪表，梳理一下要沟通的内容，放松一下自己的心情。当我们以一个自信从容的状态去与他人交流，对方也能感受到这种良好的沟通氛围，会愿意与你有更多的交谈，对你有更多的了解。提前 5 分钟的等待，就是给自己创造更多的空间与机会。

职场小路灯

博士总结

● 职场如战场，再繁重的工作都需要我们有条不紊地去处理。做每件事之前，都提前 5 分钟，不仅能够让我们遵守时间，更能让我们从容面对工作，给他人留下"自信且有能力"的好印象。

切磋交友

● 在大胆寻求建议中巧妙获取盟友。

QUESTION

主管要我们每个人做一份客户关系管理的方案，但是我从来没有做过，不知道从哪里下手。我很想去问问主管或者同事，但是又担心大家会认为我能力不足，专业知识欠缺。如何处理工作中遇到的问题，才不会给他人留下负面印象呢？

ANSWER

每个行业都是在不断地发展变化的，没有哪位职场人士能够保证自己可以应对所有问题。遇到自己解决不了的问题，虚心向他人寻求建议其实是个不错的方法。这样做既能有效地解决问题，又能给人留下好的印象。

职场中，善问的人更被看好

职场也是赛场，胜出的人往往得到更多的机会。

127

大多数职场新人虽然没有太多的工作经验，但是也懂得职场竞争的残酷性。为了能够给上司以及同事留下好的印象，有些新人选择了"埋头苦干"。他们在工作中遇到任何问题，都自我摸索、自我求证，从不向他人求助，意欲塑造一个兢兢业业、勤勤恳恳、善于钻研的好形象。殊不知，这样的行为可能已经在周围人的眼里留下了有点孤傲、高冷、不合群的印象。

"羞于求助"是职场新人常见的表现之一。有的新人认为，向他人求助是一种无能的表现，会被上司及身边的同事看低。其实不然。近年来，哈佛商学院有研究发现，**积极、虚心向他人寻求建议，不但不会显得愚笨，反而是一种有能力的表现。**

寻求建议的举动是智慧的

由于知识体系与人生阅历的不同，每个人的思考都会存在盲点。盲点即认识不到或被忽略的地方，它的存在意味着我们暂时无法单靠一己之力来解决问题。那么，向他人寻求建议就是一件非常自然的事情了。实际上，寻求建议并不代表我们缺乏独立思考的能力，因为一个问题并非只有一种解决办法，而寻求建议本身就是解决问题的方法之一。同时，虚心寻求建议的行为会给他人留下善于沟通、积极主动、充满自信等印象。

巧妙提问切磋，留下印象获取盟友

另外，向他人寻求建议也可以被看作间接赞美他人的一种方式。我们向上级寻求建议是在表达尊重之意，向同事寻求建议是在表达欣赏之情，向下属寻求建议是在表达信任之感。寻求建议的行为代表着我们认可对方的见解与能力，我们重视对方独到的想法。这样的求助不仅不会让对方产生反感，反而会令其对你印象深刻，并拉近建议者与你之间的关系。

🔔 如何让建议者成为盟友？

当我们向他人寻求建议时，其实已经是在无形中让建议者站到我们的角度上来思考问题了。因而为了更好地争取到盟友，我们在向对方提问时应当注意要讲究技巧。

● 尽量不提开放式的问题

向他人寻求建议时提出开放式的问题，并不能帮助我们快速地解决问题，反而可能造成无谓的时间浪费。如果小米向周围的同事请教如何做客户关系管理的方案，对方很可能会给出一个宽泛的建议；如果还要再细化到里面的内容，就会越聊越多，更有可能直至咨询结束，小米也依然不清楚具体操作的方向。如果是向上司这样提问，那么必然会导致上司对其产生疑问：这明明是布置给你的工作，为什么要反过来问我呢？

●尽量不提二选一的问题

这类问题是指对方在回答时答案只能二选一，非A即B。比如小米向他人寻求建议时问："客户关系管理就是指如何维护客户关系对吗？"那么对方的回答就只能是"对"或者"不对"。如果对方不愿意再继续聊下去，或者没有更多的时间与精力来沟通，那么这个话题就终结了。对于小米而言，并没有什么太多的收获。

●大胆提出带有引导性的范围限制性问题

限制性问题是指给对方一个具体的讨论范围，从大的概念落实到具体的事项上。而引导性是指在提问的过程中，引导对方从自己思考的角度去剖析问题，这样有助于我们更有效地获得解决方案。小米可以这样向他人寻求建议："关于客户关系管理，我想依据 RFM 模型从最近一次消费（recency）、消费频率（frequency）、消费金额（monetary）这三个维度来谈。想请您帮我分析一下，这个角度的利弊在哪里？具体应该怎样去论述才会更适用于公司的现状呢？谢谢。"

寻求建议更需要我们主动思考

向他人积极寻求建议，并不意味着我们将所有的问题都抛给对方，而自己只是坐享其成。**事实上，寻求建议更需要我们去主动思考。**首先，向他人提问之前，应当考虑这个问题是否适合咨询。肤浅的问题只会让印象减分；其次，我们要思考如何提问才能获得更好的答案；最后，咨询结束并不代表着事情的完结，我们应当结合对方的建议和自己的想法，思考并整理出完整的解决方案。如果能够将方案递交建议者过目，让对方再指点一二，那么这个印象分会增加不少，也更能拉近你与建议者之间的距离。

职场小路灯

●向他人寻求建议并非是软弱无能的表现，注意方法与技巧，寻求建议可以成为我们在职场晋级的助推器。我们也可以在平常多多留心观察周围的人是如何向他人寻求建议的，以获取更多方法与经验。

博士总结

情感共鸣

● 通过情感接纳，给对方留下志同道合的好印象。

QUESTION

因为工作原因，我平时与人沟通较多，自认为做到了态度诚恳，静心聆听。但是，我能感觉出来大家都没有兴致与我长聊。工作上的内容毕竟是有限定的，不能什么都谈。怎样才能改善沟通中给人的这种枯燥乏味的印象呢？

ANSWER

人与人之间的沟通其实包含着内容与情感两方面的信息。只注重沟通内容，不注意沟通情感，这样的交流自然不会多么有趣。在沟通的过程中，用心去感受对方的情感以达到共鸣的效果，会令对方感觉找到知己，从而更愿意与你长谈，并由此对你印象深刻。

🔋 产生情感共鸣是最好的沟通结果

管理学大师彼得·德鲁克说："人无法只靠一句话

来沟通，总是得靠整个人来沟通。"可见沟通并非单一的内容传递。有效的沟通意味着信息被准确地传达与理解。对于聆听的人来说，接收信息很简单，理解信息就没有那么容易了。除去能力差异以外，是否准确理解信息是很关键的一点，这也是为什么上级下达同样的工作指令，不同的员工会给出不同的结果。如果能够做到沟通双方对事物的看法与理解基本达成一致，那么这个沟通无疑是高效的，也是最好的结果。这种一致性叫作情感共鸣。

想要在沟通中实现情感共鸣，我们就要学会换位思考，即有同理心。它是指站在对方的立场上，设身处地地去感知、把握与理解对方的情绪和情感。一旦双方对这种认知体验达到一致，并做出相同的反馈，就产生了共鸣效果。由此可见，**我们在沟通中不能只是泛听对方阐述的言语内容，还要用心感受对方的情感，在准确理解以后及时地附和，复制对方的情感，满足其内在对认同的需求。**人们都喜欢能与自己产生共鸣的人，因为共鸣代表着一种高度的认同与默契的达成，在此过程中，良好的印象也就自然而然地形成了。

❗情感共鸣需要一些技巧

沟通是由诉说与倾听两方面构成的，且在沟通过程中两个角色随时在转换。我们已经知道，只有用心地去感受才能与对方达到情感共鸣。那么我们在沟通的过程中就要注意观察对方的语气、神态以及一些肢体语言的变化，并及时地做出回应。每个人都渴望被他人关注与接纳，当我们认同他人的情感时，就是给予关注与接纳的一种表现。比如小洋在工作中偶尔会遇到客户生气的情况，如果一味地辩解或者不停地劝说对方"不要生气了"，不仅收效甚微，有时还会起到反作用。小洋首先应当对客户表达出的情感给予认同："这的确令人生气！"如此就会让对方感受到两人是在同一条战线上，而不是敌对状态。总结起来，有助于达成情感共鸣的技巧有以下几个。

换位思考，情感接纳，加深印象

●创建有利于产生情感共鸣的环境

一个糟糕的环境很难让人有更多的沟通欲望，这种情况下尽量长话短说，不谈重要的、严肃的内容。与客户约见，要安排适宜的环境，布置良好的氛围。好的环境能够给人带来好的心情，而好的心情能让沟通更容易达成共识。

●先入为主争取共鸣的机会

工作中的内容交谈难免会枯燥乏味，在正式开始沟

137

通之前，不妨先找一些双方的共同点来交流，以产生共鸣感。当小洋听到对方的口音来自自己的故乡时，也可以用家乡话回应；当看到对方的书架上有某位名人的著作时，可以表达对这位名人的喜爱与认同；当发现对方有写书法的爱好时，可以说说自己曾经练习书法的经历等。总之，只要用心观察，就可以找到许多共鸣点。

● 准确复制对方的情感

人们在交流的过程中都会有一些情感的表达，对一个人一件事的赞扬或者批评、钦佩或者失望、激动或者感伤等。认同对方的情感并准确复制，可以让双方快速地建立起共鸣感。倘若一位同事与小洋分享工作上的成绩，而小洋自始至终用毫无变化的平淡语气与其交流，这势必会让对方感觉自己的情感没有被接纳，在与小洋的交流中没有获取认同感，无法畅谈下去；相反，如果小洋带着愉悦的情绪向对方表示肯定与祝贺，那么对方也会更愿意继续分享自己的情感。

准确复制对方的情感，并不是竖起耳朵做出听的样子就可以了，而是要让对方感受到你真的在用心聆听他讲话，由此而生的共鸣感会让对方对你立刻产生良好的印象。

博士总结

职场小路灯

●灵活地应用"情感共鸣"，不仅能够帮助我们有效沟通，还能增加沟通中的趣味性，给对方留下高情商的印象。

先思再言

● 开口之前思考 3 秒，得体表达达成有效沟通。

QUESTION

　　我是一个心直口快的人，想到就会马上说出来，不会藏着掖着。很多时候我的本意明明是好的，可是不知道为什么就得罪了人。这给我的工作带来了一些麻烦，人际关系有时一团糟。这令我很困惑，大家不都喜欢性格直爽的人吗？

ANSWER

　　通常来讲，心直口快的人在说话的时候只考虑了自己的好恶而忽略了他人的感受。也许你的出发点是好的，但是如果不注意说话的方式，很可能就会给他人带来不好的体验，增加对你的负面印象。

▌先思再言是沟通的艺术

　　我们每天都在说话。开口说话的确很简单，但是想要把话说好却需要下一番功夫。古人云，三思而后行。我们说话也一样，需要先思再言。在不同的时间、不同的地点，面对不同的人物，我们说的话都需要依情况而改变。说的话要让对方听得明白，听得舒服。这并非是八面玲珑，在真诚待人的前提下，这其实是一种涵养，一种智慧，是沟通的艺术。

人们说话的目的是沟通信息，拉近人与人之间的距离。因而，**我们开口说话最基本的原则是不能伤害他人**。在说话之前我们需要先思考什么该说，什么不该说，说的时候应该怎么说，然后再发言。不能只图自己一时口舌之快，而不考虑对方的感受。在小洋看来，心直口快，想到什么就说什么，是以诚待人的方式。可是如果这种说话方式让对方反感，甚至给对方带来伤害，那么它就不值得提倡了。

俗话说，言者无意，听者有心。我们想表达的意思很可能与对方接收到的信息不一样。我们都知道覆水难收，而我们说出去的话就如同泼出去的水一样，一旦出口就很难再收回。如果言语中冒犯了对方，给

141

他人留下的负面印象就难以改变了。所以，**我们要学会谨言慎行，在说话之前，不妨先思考 3 秒钟，将我们说错话的概率降低。**对于职场新人来说，这一点尤为重要。从小处说，它关系到我们与同事间的人际关系；从大处讲，它能够影响我们未来的职场发展。

❗开口之前应该思考什么

与人交谈，其结果无非有两种，双方观点一致或者意见相左。所以，首先我们必须清楚地认识到：大家想法不一致是很正常的事。说话的目的在于交换彼此的想法，而不是争辩输赢。因此，**想要做好先思再言，必须时刻提醒自己在沟通中是可以"求同存异"的，这样才能更好地控制自己的思辨欲望、语言传达和情绪控制。**

任何一种行为都是可以有意识地训练而成的。先思再言的说话方式也是如此。说话之前先思考并不是指我们要一直处于沉思的状态。当我们掌握思考的技巧，并不断地重复练习以后，你会发现，**用 3 秒钟理**

顺思路后再开口，比心直口快更能可靠有效地达成沟通的目的。

先思再言，有效沟通，留下印象

　　在我们的身边总是不乏一些说话一直让人很舒服的人。如果你不清楚如何才能得体地讲话，可以先多留意他们讲话的方式，然后用心去感受和分析这样讲话的好处。随着学习内容越来越多，你不仅可以复制他人更为妥当的谈话方式，还能够在潜移默化中影响自己的思维，从而养成先思再言，得体说话的良好习惯。

先思再言，虽然需要思考的内容可以有很多，但也并不是毫无规律可循。一般来说，最常采用的思考方式是"5WlH分析法"，即 why（为什么）、what（什么内容）、where（在什么场合）、when（什么时间）、who（和谁谈）以及 how（怎么谈）。

● Why——为什么要谈这个内容？

开展谈话之前应当先明确一点，此次谈话的目的是什么？如果接下来要讲的内容能够帮助双方更好地交换意见，那么可以谈。如果与交流主题毫无关系，就没必要讲。

● What——所谈内容的客观情况是怎样的？

即将谈到的内容是有所根据的客观事实吗？它能否促进双方友好地交谈下去？如果可以，那么请继续开展话题。

● Where——在什么场合谈?

如果是在正式的场合,我们要讲的话应当严谨、谦虚。而在非正式场合,则不宜用严肃的口吻说话,换成轻松的语气更佳。另外,我们还需要留意对方的情绪状态,在他人高兴的时候应当用具有同样气氛的语调讲话;而如果对方正处于低落期,兴高采烈的说话方式很容易让人理解为"幸灾乐祸",这显然是不合适的。

● When——在什么时间谈?

如果是在工作的时间,最好只谈工作上的问题,不谈私事。同样,私人时间也不适宜讨论工作。

● Who——与谁谈?

与不同的人交谈,应当注意对方与自己的关系,以及对方的性格。与性格很急的人交谈,不适合慢吞吞地说,应直奔主题;而与慢性子的人说话,语速不能过快。

● How——应该怎样来谈？

同样的内容，可以有不同的表达方式。我们怎样说才能够让对方更好地接受，这是我们要考虑的核心。我们可以以"不伤害对方、不产生误会、不破坏氛围"来作为怎样去说的原则。

职场小路灯

●职场的工作其实就是"先达成共识，再执行到位"的过程。共识的达成依靠的是有效沟通，先思再言是我们保证有效沟通的基础。讲话之前先思考3秒，可以让我们降低说错话的概率，给他人留下好印象。

博士总结

一张名片所能延伸的十分钟

从名片巧妙地展开话题，初次见面也能给别人留下深刻印象！

●在商务场合，初次见面的人通常会交换名片。一张名片虽小，却涵盖了非常丰富的信息。它不仅仅是职场人士的"自我介绍信"，更是职场社交的"联谊卡"。对于刚刚参加工作的人而言，无论是拓展职场人际关系还是规划未来职业发展方向，利用好名片都能够起到事半功倍的效果。

 ## "交换名片"并不真的止于交换

如今，职场新人都能意识到名片的重要性，在参与职场社交之前会为自己设计精美的名片，但是其中的大多数人在运用名片时只是随意交换，接过他人的名片之后随手放入口袋，并未意识到名片本身也具有话题性。因而，我们常常看到新人在与他人交换名片时，只有"交换"这一瞬间的动作，没有更多的内容。作为职场社交的重要工具，这种交换名片的方式便失去了其实质性的意义，将名片的实际作用大打折扣。要知道，**交换名片的目的其实并不在于交换，而是通过"交换"这一个动作，与对方开始产生联系。**如果我们在交换名片的时候能够注重礼仪，并且有意识地延伸十分钟，那么对于人际关系而言，将是更上一层楼。

一张名片延伸的十分钟

众所周知，名片上包含了一个人最基本的职业信息。因而在商务场合，它可以被看作一个人的符号化身。**我们在交换名片的过程中，对名片的态度就等同于对对方的态度。因此，交换名片是体现一个人的修为与涵养的重要时刻。**

作为职场新人，我们应当事先准备好自己的名片，主动将其递送给对方，并诚恳地说一句"请您多多指教"。在递送的时候，文字的朝向需要面向对方，以方便他人浏览查看。在接收对方递过来的名片时，一定要双手捧接，以示礼貌和尊重。另外，眼睛要看着对方，不能将目光一直停留在名片上，因为人比名片更重要。在交换过名片以后，我们就可以展开话题进行交谈了。即使是不善社交的人，只要掌握了延伸话题的技巧，也能轻松破冰，给对方留下好印象。

●对方的名字

在接过名片以后，将其正面与反面的信息仔细看一遍，切不可单手拿着随意翻看。在看到对方名字的时候，郑重地念出。对于没有把握的字，可以及时向对方请教，以示重视。同时，还可以借此展开话题，可以是赞赏对方名字的好寓意，也可以是请教对方名字的由来。同样地，礼尚往来，对方也会关注我们的名字，询问其深意。这样做不仅可以避免双方无话可说的尴尬，还能够促使对方记住我们的名字，加深对我们的印象。

149

●对方的身份

出于对对方的尊重，我们在接过名片后可以将上面的重要内容读出来，职场新人更可如此。在读的时候我们需要稍微注意语音的轻重，读得太轻恐显得重视程度不够，读得过重或又有夸张的嫌疑。因此

从名片发散话题，加深初识的印象

我们可在对方的单位、职务、职称等信息上，挑选有分量的内容重读。例如，"××公司副总经理"，我们可以将"总"字重读；"华东区总经理助理"，我们可以将"华东区"重读等。我们还可以就此展开交谈，比如具体负责哪些方面的业务等。

●对方的邮箱地址

一般名片上都会留有邮箱地址。有的地址是字母与数字混合的，使得小写字母l与数字1，大写字母O与数字0不容易区分。另外，地址中还常常出现字母缩写、拼音与英文单词混用的情况，我们可以及时向对方请教该邮箱地址中不明确的地方，以免用到时输入错误影响工作。总之，在看的时候我们只要稍加留意，向对方确认邮箱地址的正确写法，就能够给对方留下认真细心的好印象。

●对方的公司标志

一般名片上都会印有公司或者品牌的图案标志，也叫作 logo（标识）。它往往表示公司的主营业务，并蕴含了公司的愿望期许。每位职场人士都希望自己的公司能够得到他人的重视，因而从对方的公司标志谈起，表现出你的兴趣，对方往往会很乐意与你交谈。

● 对方的公司业务

对方可能与你是同行或有些交叉的业务领域，也可能属于完全不同的研究方向。对于相同的领域，可以就此讨论一些关于行业、技术或者管理上的观点与看法，交流一些各自的经验与心得；对于不同的领域，可以拿出学习的姿态，虚心向对方请教，此时如果能够时不时地有针对性地向对方提问一二，效果则会更好，对方会认为你一直在认真倾听他的讲话，从而对你印象深刻。

● 对方的公司地址

这个地址可能是你熟悉的，也可能是你不熟悉的。如果熟悉，可以聊聊你与这个地方的联系。曾经因为什么原因去过那里，在那里的感受如何等。如果不熟悉，可以让对方为你介绍此地的文化，比如地名的由来，经济发展状况如何，主要发展哪些产业，有哪些有特色的美食等。

● 对方的名片设计

现在的名片早已脱离了千篇一律的设计感，而是通过个性化来彰显自己的身份与品位。我们可以借由名片的材质、颜色、字体、设计、排版等来展开话题，让对方感受到我们的兴趣，受到重视的对方也会对我们的这种欣赏留下良好的印象。

PRACTICE STARTS
课后作业

基本 交换名片不是社交的结束，而是维护关系的开始。交换时延伸十分钟，可以起到事半功倍的效果。

- - - - - - - - - - - - - - - - - - - -

活用 找到一张名片，从上面的信息练习延伸话题，模拟一下对话的场景吧！

千里之堤，溃于蚁穴，如何预防印象之堤崩塌？

在与人交往之中，明明十分注意自己的形象与待人的礼仪，但为什么还是被渐渐地疏远了？到底哪里出现了漏洞?! 不知不觉中蚀空印象力的几件事，快来自检与补漏！

打造你所向无敌的印象力

- ☐ 第 **1** 章 初次印象与"惊鸿一瞥"
- ☐ 第 **2** 章 提升印象力的基础与关键
- ☐ 第 **3** 章 提升印象力实用技巧大盘点
- ☐ 第 **4** 章 被忽略的用武之地
- ☑ 第 **5** 章 蚀空印象力的二三事
- ☐ 第 **6** 章 印象管理小测试 Ready? Go!

第 5 章

蛀空印象力的二三事

TOPIC

5—1

职场第一课·
印象管理

一言否定

● 心直口快地否定他人只会形成负面的深
刻印象。

QUESTION

　　最近有一个小烦恼。我和一位同事比较熟络，平时我们交流得比较多，但是，十次有八九次对方都是在否定我的观点或者喜好。这很打击我。是我真的做得不够好而她心直口快地说出了事实，还是想让我增强对她的印象呢？

ANSWER

　　这种凡事都喜欢先否定别人的做法，的确能够引起他人的注意，但是带来的往往是负面的印象。构筑好的形象需要日积月累，而一种破坏印象力的沟通方式可以将之前所有的努力一并击溃。

🔖 不以个人好恶轻易否定他人

　　蔬菜配送公司附近新开了一家面包店，小米去买了一些面包带给同事们尝鲜。与小米熟悉的那位同事

156

边吃边评论："这种面包没有全麦的有营养""我觉得味道并不怎么样""价格太高了，没有之前的那家店实惠""包装也不够环保"……听到这些否定的观点，小米心里很难过。她不明白事实是否如同事所说的那样，或者即便是事实，这样的话她听了也难以接受。随着相处时间的增长，小米发现，原来这位同事只是喜欢习惯性地去否定别人。即使不是小米，换作小洋或者是其他的同事，她也是同样的态度。

在职场中，有不少这种喜欢一言否定他人的人。无论是对方的喜好还是观点，都习惯性地一言否定。有的职场新人为了标新立异，显示自己的与众不同，也会刻意去否定他人，表达一些看起来另类或者很有想法的观点，以吸引他人的注意。然而，这种表达方式对于印象管理来说非常不利。

人们在分享自己的喜好或者观点的时候，内心都是渴望得到他人的认同与接纳的。如果我们在第一时间就站出来直接给予否定，那么对方往往会认为我们是在否定他这个人。**因为当对方做出分享的行为时，**

其实他内心已经接纳了所分享的客体。而我们否定他的喜好或观点则意味着否定了他的审美与判断，进而会被理解为是对他这个人的否定。这种否定会让对方感觉自己不被周围的人认可与接纳，与自己分享的预期相悖，从而会心生不满。有的人会将这种不悦隐藏在内心，但是从此与你有意疏远保持距离；而有的人

一言否定他人之前先省思自己

可能会转为愤怒，当场与你争辩。无论是哪种情况，在对方心里不好的印象都已经形成，而且难以改变。

❗ 在否定他人之前先省思自己

世界上没有两片完全相同的叶子。同样，即使是性格相同、兴趣相投的两个人，也很难保证对所有的事物都拥有完全相同的看法或者喜好。更何况，人与人之间是如此的不同。**我们可以与对方拥有不同的观点和喜好，但是并不需要以否定对方的方式来突出自己。**很多问题并不是只有非黑即白的答案，如果大家的喜好、想法总是保持一致，那么工作上也会少了许多的乐趣。**对于一些不需要争论对错的问题，我们应当尊重他人的想法。**

另外，喜欢习惯性否定他人的人，可能存在着自卑的心理，潜意识里希望通过否定的行为来引起他人的注意。想要克服这种心理，首先需要我们在内心接纳自己，肯定自己。我们虽然不完美，但是也一定没有我们想象中的那么糟糕，很多时候不过是庸人自扰式地自我否定，并不是真实情况的反映。所以，**我们不需要通过否定他人来肯定自己，努力做好自己就可以**。自带光环的人总会得到人们的注目。

除去尊重他人的想法、克服自卑的心理这两点以外，我们还需要培养爱的能力。爱是接纳，爱是宽容，接纳他人的不同，宽容他人的错误，对每个人都以诚相待。**人与人之间的情感是相互的。**如果我们友善待人，得到的往往也是他人友善待己。如果我们总**是一味地否定对方表现出攻击性，对方也会始终站在我们的对立面，最终会形成恶性循环。**对于一直强调团队精神的职场而言，这显然是不利于工作开展的。

不轻易地否定别人，并不是指毫无原则地认可对方甚至溜须拍马，而是要注意说话的方式，在否定他人之前先三思自己即将要讲出的话。在工作上大家经常会有不同的见解，我们在讨论的过程中无须立即反驳对方。我们可以先肯定对方的部分观点，即使完全不能认同对方，也可以认可其认真对待工作、深入思考的态度。对于工作上的一些观点冲突，我们应当具体问题具体分析。以"公司利益最大化"为原则进行讨论，或者强调责任制，由负责人来做出最后的决策。我们必须谨记，工作方案永远是讨论出来的，即交换意见而来，而不是通过否定他人得来的。

职场小路灯

博士总结

●与人交谈总是先否定对方，是非常破坏印象力的一种行为。学会接纳自己，开口之前先想 3 秒，提醒自己否定他人的话不急于说，如此可以帮助我们逐步改变喜欢否定他人的习惯。

TOPIC
5—2
职场第一课·
印象管理

谨慎过度、
封闭自我

● 过于谨慎地维护形象，反而会对印象管理产生负面影响。

QUESTION

　　每次与同事们闲聊，我其实都感觉有点难以应对，不能很好地把话题接下去。我不太愿意说出自己的想法，担心同事们对我了解得越多，我的缺点暴露的概率就越大，会给大家留下不好的印象。因此，我也很少参加集体活动。

ANSWER

　　影响一个人印象好坏的因素并非只有他的优缺点，还有他待人接物的处事方式。在职场中过于谨慎地维护自己的形象，将自己完全封闭起来，会给他人拒人千里之外的感觉，让人们从此不愿意再接近你。这其实是对职场印象管理的一种副作用。

❗谨慎过度是职场人际的一道屏障

　　几乎每一位职场新人在入职之前，都从不同的渠道接受过这样的"教育"：谨言慎行是职场的生存法则之一。为此，不少新人将其牢记于心，从入职的第一天起就时刻注意自己的言行举止，力求给他人留下好的印象。这本是一件好事。然而，有的新人却在职场中表现得谨慎过度，生怕说错话做错事，总是处于警惕和防御的状态，把自己完全封闭起来。就如同小米一样，喜欢独来独往，几乎不参与同事间除工作以外的话题讨论。在工作氛围比较轻松的时刻，也保持沉默，埋头做自己的事情，不愿意与身边的同事有更多的交流。在被迫表达的情况下，总是表现得十分谨慎，闪烁其词，并不流露自己真实的想法。这其实是职场自闭的表现。

对于初涉职场的新人，面对全新的办公环境和工作带来的种种压力，如果不能很好地调整自己的心理状态，很容易陷入职场自闭。**职场自闭三个最典型的特征是：在工作中不愿意与人交流，不会表达自己的需求，固执地做事。**一般来说，在心理状态不佳时，每位职场人士都可能会产生自闭行为，但它只发生在某一特定的阶段。一旦心理上的压力得到舒缓释放，自闭行为就会消失，恢复到正常的状态。但如果长期处于自闭状态，并且最终影响到了工作的正常进行，那么就很可能会发展为职场自闭症。

像小米这种情况，随着同事们邀约小米而被拒绝的次数增多，大家会把这当成她的一种习惯。无论再遇到什么样的大小事情，理所当然地会想到一定会被

打破职场自闭的屏障，勇敢留下正面印象

小米拒绝，因此也就不再考虑邀请她加入了。

不少新人入职以后感觉自己被边缘化，很难融入集体当中。虽然内心非常渴望加入畅谈或者聚会的小团体，却总是得不到大家的邀请，就好像自己是个透明人一样。殊不知，恰恰是自己在日常工作中表现出来的过于小心谨慎的言行，给自己带来了负面的影响，在自己与同事之间竖起了一道交往的屏障，严重的还会影响到工作的进展、职业的发展。

如何打破屏障走出自闭困境

当意识到自己有职场自闭行为并且已经受到它的困扰时，我们需要采取一定的措施来帮助自己走出这种困境。

首先我们要明白，职场中出现的各种问题都是正常的，这就是残酷的职场环境，我们需要去适应它，而不是让它来顺从于我们的个性。只有直面问题才能解决问题，逃避问题只会让问题越积越多，最终使我们不堪重负。因而，在无法改变工作环境的情况下，尝试着去改变自己。

我们可以先从微笑待人做起。对于不善交际的人来说，更应如此。因为真诚的微笑会给人们带来亲近感，它能够打破僵局让人们卸下防御，从而让他人愿意与自己接近。比起言行，微笑更加简单易为，可以作为克服过度谨慎、打破职场自闭的第一步。

如果渴望在职场上与同事们深入交往打成一片，就要在言行上表现主动。**既然是想与他人融洽相处，我们就要做出愿意与他们相处的姿态，而不是将自己封闭起来。**对于公司里各式各样的活动或者是同事发起的邀请，都可以积极地参与。比如坐在一起共进午餐，加班时一起点个外卖，下班时一路同行等。随着参与次数的增多，大家一定能感受并习惯我们融入的状态，此后每当有活动时也就会积极地向我们发出邀请。

与此同时，不要太过在意别人对自己的看法，我们完全可以通过印象管理来不断地提升自己的魅力。另外，我们还可以要求自己每天做一件与大家共处的

小事，并把它记录下来。不要害怕人际交往的挫折，放宽心态、大方不扭捏。日积月累，你会感受到与大家共处的快乐，并且走出自闭的困境，给同事们留下美好的印象。

职场小路灯

●凡事过犹而不及。职场上谨言慎行是有必要的，但是过度谨慎会给他人带来距离感，成为我们人际交往的障碍。若出现职场自闭行为，先从微笑待人开始练习，对他人的邀约也积极参与，很快就能走出困境，为自己赢得真正的好印象！

博士总结

缺乏反馈

● 求建议无反馈，印象也会石沉大海。

QUESTION

　　在工作中总是会遇到一些自己不懂如何处理的问题，为了给领导及同事们留下"勤学好问"的印象，我会积极主动地向前辈们请教。不知道是我的问题太多还是问得太笨，请教过几次以后他们就不愿再回答我了。

ANSWER

　　人们都喜欢被他人请教，因为这代表着他们的能力得到认可。但是一味地请教他人，不懂得及时反馈，会让人觉得你视"索取"为习惯，甚至会怀疑你过河拆桥。有了这样的不良印象后，对方自然也就不愿意再继续为你提供帮助了。

❗ 不受欢迎的"勤学好问者"

　　作为职场新人，由于工作经验以及阅历的不足，在工作中难免会遇到各种各样的问题。向有经验的前辈请教，是快速且有效解决这些问题的捷径。然而，就如同小洋的遭遇一样，起初大多数人都十分乐意为新人提供帮助。慢慢地，这些建议者没有了往日的热情，开始找各种各样的理由推脱。表面上看起来，积极的我们是职场上的"勤学好问者"，但实际上，我们成了对方眼中不受欢迎的人。这令许多新人都感到十分困惑，不知道问题出在哪里。

一般来说，出现这种情况的原因主要来自三个方面。一是"只知提问不知思考"。 有些工作上的基础问题完全可以通过自己的努力去解决，比如翻阅文件或者检索资料就能找到答案，但有的新人没有做过任何功课就直接发问。**二是"只知提问不分对象"。** 为了给大家留下勤奋好学的好印象，一些职场新人会抓住机会通过积极主动地提问来表现自己，然而在提问的时候完全不考虑对方的岗位或者专业背景，比如向人力资源的同事咨询专业技术方向的问题，就会令对方十分尴尬。**三是"只知提问不知反馈"。** 诚恳地向对方请教、对方也提供了很有诚意的建议之后，无论执行与否，无论效果如何，最终却都没有给予建议者反馈，而是不了了之，这就很容易给对方留下过河拆桥的印象，令人生厌。对于前面两种情况，新人在提问过程中受挫后很容易发现问题所在，也容易及时更

及时感谢并积极反馈，成为受欢迎的善问者

正。而第三种情况则是最容易被忽视且不易察觉原因的，需要我们加倍重视。

⚠ 善问者当有始有终

　　凭着一腔热忱向经验丰富的前辈请教，请教过后却没有按建议执行的情况时有发生。没有执行的原因无外乎两种，一种是客观的，一种是主观的。客观原因是外在的环境发生变化，自己无法控制，比如说市场变化、岗位调整等，这些变化导致原有的建议在新的环境下已不再适用。但多数情况下，他人的建议没有被执行其实是来自请教者主观方面的原因。一些新人为了请教而请教，功夫用在表面，只为与对方建立人际关系，拉近距离，留下好印象；还有一些新人有做事拖延的坏习惯，无论得到什么样的建议都不能立即投入展开实施，而且越拖越久，最终三分钟热度，只做了个开头没有结尾，或者从来没有执行过。对于竞争激烈的职场环境而言，不正确的请教方式和薄弱的执行力无疑是工作中的大忌，对印象破坏力十足。

　　无论何种原因，建议是否被执行，如果没有及时地给予对方反馈，都会给人留下做事不能善始善终的印象。当然，能力再强的人也无法保证他所提出的建议是完全有效的。因而，对方在提出建议后其实也很期待我们的信息反馈，想要了解他的建议是否真的帮助了我们。如果有帮助，这自然会给对方带来成就感；如果帮助不如理想中的效果那么好，对方往往还会和我们一起继续讨论，研究问题究竟出现在哪里。**人们在给出建议时都需要花费心力去思考，因此无论对方给出的建议如何，是否对我们有实质性的帮助，我们都应该在事后及时地向建议者表示感谢，并给出执行情况的反馈。这样才能给对方留下诚实可靠的印象，而不会让他人感到我们是过河拆桥。**长此以往，在今后的工作中遇到问题，对方才会积极地给予帮助，而不再是遇到我们请教时找各种理由推脱、躲避。

　　对于建议者，我们的信息反馈一定要及时。因为拖延得越久，给对方留下的印象就越模糊。及时地反馈能够最大程度保证对方对当时讨论的问题都还留有印象，这样能够促进双方更好地讨论；如果时间拖延得太长，很多讨论的细节以及当时的情境都已经模糊不清，对方自然也就没有办法再给出很好的建议了。因而，**在得到他人的建议之后，反馈得越及时、越积极，给对方留下的印象也就能越新、越深刻。**

职场小路灯

●积极地向职场前辈请教，可以给他人留下勤学好问的好印象。但是缺乏反馈的请教，反而会让人们收回援助之手。及时地反馈信息并表示感谢，也是及时更新自己的形象的好方法。

博士总结

往事重提

● 炫耀过去并不一定能给现在的你"贴金"。

QUESTION

工作了一段时间发现职场竞争比想象中要激烈，但我仍渴望在这场竞争中脱颖而出，获得更多的关注与支持。如果我不断地显露自己过去的成绩，是不是可以强化人们对我的印象，认为我是有潜力的新人呢？

ANSWER

在与人相处时总是提及过去的成绩，或者曾经享受过的优越生活，虽然能够让人们更加了解你的实力，但是如果提得不恰当，就会让大家觉得你是在炫耀。想要在职场中获得更多人的关注与支持，应当学会高调做事，低调做人。

❗好汉要不要提当年勇

去向往已久的公司面试，每一位职场新人都希望能够给面试官留下好的印象。为了展现自己的能力，证实自己能够胜任这份工作，或多或少地，我们都会提起自己过去的成绩。然而，**在提起时如果不能把握好度，一味地宣讲，甚至是夸大成绩，就会给人留下不够踏实、不够可靠，甚至骄傲自满的印象，会令阅人无数的面试官非常反感。**对于面试官来说，面试时除了要考察应聘者的工作技能是否符合要求以外，还会重点关注他的品行，而且是品行在先，技能在后。诚然，过去的辉煌成绩可以为我们的技能加分，但是过多地提及势必会在品行上减分。虽然每个公司都喜欢有能力的员工，但是这个能力是针对当下而言的。**过去的成绩并不一定代表你可以为现在的公司继续创造财富。对于公司来说，能够为当下以及未来创造价值的员工才是真正的强者。**

当然，**不仅仅是在面试阶段，入职以后也不应当在职场上过多地提及自己过去的成绩。**这样的交流方式并不能给上司以及身边的同事增加好感，反而会让他人觉得我们喜欢炫耀自己。一个人在工作上的成

175

绩，往往离不开公司的资源支持以及同事间的协作。如果过度地炫耀自己过去的成绩，视他人的意见或建议而不见，必然会引起他人的不满。这种行为甚至有可能让大家产生误会，认为我们对现在的公司持否定的态度、不看好公司的现状以及未来。另外，我们一味地提及过去的成绩，亦会让他人觉得，正是因为我们当下并无成绩可谈，才会总是提及过去。如果给对方带来这样的印象，就有点得不偿失了。**之前的成绩已经成为过去，它是我们人生经历中的宝贵财富，我们应当珍惜并将过去积累下来的成功经验发挥到现在的工作当中去，为当下的工作创造更大的价值。**

面对过去的成绩，我们也并非完全不提。在激烈的职场竞争中，适当地展现自己的实力是有必要的，毕竟酒香也怕巷子深。但是，**我们要提及得恰到好处，点到为止，而不是反复强调。在提及时，重点应该放在收获上。**如果能够以分享的姿态来讲，这些收获将为我们的工作提供哪些帮助，大家会更容易接受，认为我们的成绩是用心付出的结果。而对于最终的个人成绩，最好是以谦逊的态度一带而过，这会给大家留下为人低调的正面印象。

往事重提避免高调炫耀，低调谦虚留下可靠印象

与同事会餐小心主角变丑角

身处职场，工作之余总会有一些大大小小的会餐。除去正式的宴会，大多数时候的会餐都比较随意，是大家放松身心、增进感情、加深了解的一种方式。面对融洽宽松的氛围，有强烈表现欲的新人一般会成为会餐中的主角。然而，如果拿捏不好尺度，梦想中的主角会沦为大家眼中的丑角。最常见的情形，是与大家分享自己的所见所闻，希望通过一些话题来吸引大家的注意力。比如大谈特谈自己曾经去过的高级餐厅，分享自己吃过的各种美食，甚至对餐桌上的菜肴逐一点评。这些内容在最初可能会给大家带来新鲜感，认为你见多识广，拥有丰富的阅历。然而，一旦说的次数太多，大家会认为你的分享是一种炫耀。这种炫耀带有夸大自己，看轻他人的意味。这会让他人觉得反感。同时，这种行为对于花费了心力组织会餐活动的人，以及制作餐点的人来说都是一种不尊重。

⚠️ 低调谦逊是一种智慧

喜欢炫耀自己的成绩或者见识，可以说是一种肤浅的行为。如果一个人总是过于高调，不可避免地会助长骄狂的心态，难以得到他人的喜爱与尊重，甚至有可能与周围的人树敌，陷入四面楚歌的困境。无论是职场内还是职场外，做人都应当低调一些。**低调是谦虚、谨慎、不张扬，是以智慧的方式为人处事。以平和的心态看待过去的成绩以及丰富的经历。保持谦逊的品格，荣辱不惊，才能使得他人在你的成绩面前给予肯定和认可，在失败面前给予理解与宽容。**

职场小路灯

●初入职场的新人急于表现自己的心情可以理解，但是一定要把握好度。适当地展现自己的实力，点到为止即可，过度的宣扬会起到反作用。而无论是在工作中还是生活中，保持适度的低调与谦逊是不会给第一印象带来坏处的。

博士总结

TOPIC

5-5

职场第一课·
印象管理

使性怄气

● 控制情绪、友善对待他人才能巩固职场
好印象。

QUESTION

　　上周五，做清洁的阿姨弄湿了我的一份重要文件，为此我忍不住对她大发脾气。因为这件事，本月的优秀员工我没有被选上。这位阿姨来自物业公司，并不是我们的同事。我不明白为什么这件事会影响到大家对我工作上的评定。

ANSWER

　　我们在职场上留给他人的印象，并不一定是在与职场人士的直接接触中留下的。越是非正式场合下表现出来的待人接物的态度，越能够反映出我们的综合素养。对那些服务人员、后勤人员或职位上低于自己的人摆脸色，可能会使我们的印象管理工作功败垂成。

🔋使性怄气，职场印象的"隐形炸弹"

　　不少新人从入职的第一天起，就对上级与同事

180

保持彬彬有礼的态度，以期许留下好的印象，构建良好的人际关系。然而，**只重视在有利益关系的人们面前树立形象，而忽略工作中接触到的没有利害关系的人，很有可能使印象管理工作前后表现不一，陷入被众人质疑的尴尬境地。**

即使是每天坐在写字楼里办公，我们也会接触到不同的人群，并非只有工作上的同事、同行以及客户等。在工作边缘，我们还会接触到一些服务行业的工作人员，例如保安、清洁工、快递员、外卖配送员等。他们与我们的工作没有直接的联系，但是他们所做的工作却与我们息息相关，是保障我们的工作顺利进行的基础。**无论对方是什么样的身份，我们都应该与其友善相处，尊敬对待，不使性子。这是一个人应该具有的基本素养。**对那些与工作无直接利益关系的人表现出不耐烦的情绪，甚至摆出难看的脸色对待，是缺乏教养的表现。这会给身边的领导、同事及来访的客人留下负面的印象，认为我们在待人接物方面不能做到真诚谦虚，甚至很有可能会猜测我们平日里友善的表现其实是虚情假意。因此，哪怕是因为很小的一件事，对服务人员、后勤人员或职位低于自己的人员使性子，也会导致我们之前精心塑造的良好形象被轻易摧毁，不复存在。

🔒对待服务行业工作者的态度显露品行

尊重他人，是新人踏入职场的必修课。尊重是指对所有人平等相待的心态和言行，它与对方的身份、职位、权力以及财富无关。每个人都渴望能够得到他人的尊重，但是尊重是相互的，只有我们尊重他人，他人才会以同样的方式对待我们。**相互尊重是处理好任何一种人际关系的基础。**

爱人者，人恒爱之；敬人者，人恒敬之。

——孟子

另外，每一位员工都代表着公司的形象，对非公司的人员乱发脾气、随意指责，会让其他人对公司的信誉产生怀疑。而在上司的眼里，不能尊敬他人的员工，自然也无法友善地对待公司的客户，因此会视其

为不能委以重任的人。判断一个人的修养品行如何，往往不是看他怎样对待有权势的人，而是看他与服务行业的工作者共处时是什么样的态度。通过贬低服务人员，随意使性子、发脾气的行为来抬高自己，彰显自己优越感的行为，都是令人感到十分厌恶的。

📛 情绪也需要被管理

　　在职场中，除了要学会尊敬他人并且对所有人一视同仁以外，我们还要学会情绪管理。身处职场难免会遇到各种各样的问题，不注重情绪管理的人，稍有心理波动就会不分场合，不分对象地乱发脾气。一些新人还会出现"欺软怕硬"的现象，不去寻找解决问题的办法，而是对那些性格温和、没有直接利益冲突的人发脾气、使脸色，从而给身边的人们留下了"不够理性""情绪化"的负面印象。我们需要明白，职场工作本身就是一个由发现问题到解决问题的过程，发生或大或小的摩擦是在所难免的。**对那些工作中接触到的服务人员、后勤人员或职位低于自己的人员乱发**

脾气、随意对待，往往是一种情绪转移，是将工作中由压力产生的负面情绪宣泄到了他人的身上。这种处理方式必然会引起周围人的反感。

懂得控制情绪，才能坚定好印象

在工作中出现矛盾时，我们应该做到对事不对人。无论出现什么样的矛盾，先反思自己，倘若错误

在于自己，就应及时道歉，勇敢承认自己的不足之处。不分青红皂白对他人使性子必然会导致矛盾升级，不仅会影响工作效率，还会影响我们的口碑。职场汇聚着来自五湖四海、能力各异的社会人士，从来不是以自我为中心者的舞台。**真正的交际高手，一定是具备同理心，懂得换位思考而不随便摆脸色、发脾气的人。既然工作中的情绪多半是由压力带来的，那么我们就要自己学着去减压，而不是将负面情绪转移到他人的身上，拿他人当出气筒。**要知道，乱发脾气其实是无能的表现。

当觉察到自己已经产生负面情绪的时候，千万不要沉浸在这种情绪当中，而是要不断地暗示自己走出来。为了避免因情绪波动而对他人发脾气，我们可以采用"禁言 48 小时"的方法。与他人发生激烈的冲突时，强制自己沉默不再说话。等到 48 小时以后再来重新思考这件事，我们就会感觉事情并没有像当初想象得那么糟糕。

当然，最好的情绪管理，不是在坏情绪已经产生之时，而是防患于未然。**无论什么时候都微笑待人，用友好的方式来表达自己，同时增强抗压能力，让自己变得宽宏大量，做职场上正面情绪的传播者，就会越来越受到人们的关注与喜爱。**

职场小路灯

●想要获得他人的尊重，我们首先要尊重他人。尊重意味着平等相待，意味着一视同仁。对非工作伙伴发脾气，会摧毁我们努力塑造的良好的职场形象。工作中的摩擦在所难免，我们需要管理好自己的情绪。

博士总结

186

办公室里的
不经意

毫无恶意的小举动也可能成为你塑造好印象的绊脚石。

● 职场印象管理是一个长期的过程，不是一蹴而就的。因此，在塑造良好职场形象的过程中，我们必须重视细节。如果我们将言谈举止中的每一个细节都处理得周到得体，那么就会让对方感到十分舒适，自然会留下好的印象。

在办公室里，一些看似不经意的小动作，很有可能成为对方厌恶我们的理由。如果此时我们还全然不知，不加以改正，那么负面的印象就很容易在他人心中形成。关于印象管理，正所谓成也细节，败也细节。

工作时不经意地自言自语

面对全新的工作环境，竞争的压力在无形中告诫着职场新人们必须全神贯注地应对一切。在不知不觉中，一些人养成了一边工作一边自言自语的习惯。尽管这种行为有助于缓解压力，但是在旁人看来却是十分奇怪。工作时不经意地自言自语并非个例，小米就有这样的习惯。有时候她是小声地嘟囔，常常令不明

不经意的小动作也会动摇你的好形象

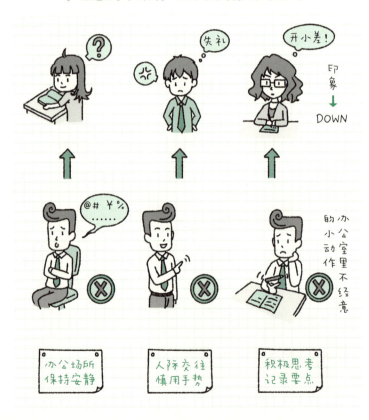

就里的同事以为是讨论工作上的事，不得不追问上一句"你刚才说什么"，得到的答案自然是什么也没有，让对方感觉是在自作多情；而有的时候是在十分安静的工作环境中，字字清晰地说出来，无论看到什么，想到什么，写出什么，都是逐字逐句地道出。这不仅令周围的人觉得摸不着头脑，时间长了还会感到是一种噪音，对他人的工作造成干扰。

当我们意识到或者经他人提醒自己有经常性自言自语的行为时，我们就需要注意避免这不经意间的小动作了。**首先要用坦然的心态面对工作，越是高强度的工作越是要以从容的态度去面对，否则很可能出现越紧张越容易出错的现象。其次，当我们暂时无法克服自言自语的习惯时，我们可以通过提醒自己公共场合需要保持安静，尽量选择在内心与自己对话，不发出声音，这样就不会影响别人。**

说话时不经意地指来指去

人们在交谈时，总是会或多或少地加入一些手势。手势是肢体语言的一种，它包含着非常丰富的内容，常常充当着辅助我们表达意愿的角色。比如招手是致意，挥手是告别，拍手是称赞，拱手是致谢，摆手是拒绝等。恰当地运用手势来表达自己，可以让双方的交谈与沟通更加顺畅。然而，不恰当的动作会让对方误读，令人避之不及。比如，说话时手指不经意地指来指去就是一种非常不得体的表达方式。即使是没有丝毫的恶意，用手指着他人说话也是令人反感的。因为在手势语言里，用手指着他人通常是一种表达愤怒的方式。这会给对方盛气凌人的感觉，甚至是感到不被尊重、受到侮辱。

如果我们还不能很好地掌握手势语言，那么在人际交往中，则不宜过多使用。太多的手势会让对方感到眼花缭乱，而且一旦出错令对方解读出负面的"言外之意"就得不偿失了。当我们需要具体指出某个人时，可将右手伸出，五指并拢，手心倾斜向上，向对方的方位指出。这个动作有"请"的含义，是尊重他人的一种表达方式。切记不要用单个手指指来指去。

🥬 开会时不经意地转笔按笔

职场上少不了各种大小会议。无论是哪种类型的会议，只要是在工作场合，都需要我们认真对待。开会时，一边倾听他人的发言，一边将手中的笔转来转去，或者把笔端的弹簧按来按去的现象时有发生。尽管这很可能只是一个习惯性的动作，在毫无意识的情况下发生，但是它却可以给其他人留下我们是"心不在焉地参加会议"的印象。不能认真对待工作的员工，必定不是上司眼中的潜力股。在会议中不停地转笔按笔，不仅会制造出各种噪音，还会打断发言者的思路，影响参会者的注意力，可以说是一个向众人发起挑战的非常不讨好的动作。

有转笔或按笔习惯的新人，一方面需要在参会时

提高注意力，积极思考会议的议题以及发言者阐述的论点，另一方面可以在本子上及时地记录要点或者自己的想法。这样既可以避免在不经意间做出不好的小动作，又可以更好地理清自己的思路，为下一步的发言或者工作做好准备；同时，还能够给在场的人留下积极思考、认真工作的好印象。

办公室里恼人的"小动作"

除去前文所叙，办公室里还有很多令他人烦恼的其他"不经意间的小动作"。尽管这些小动作对我们的工作没有直接的影响，却会给他人的工作带来干扰。久而久之，这些小动作令他人不满，自然也就无法让我们给别人留下好印象了。

职场中应当避免一些的小动作如下。

● 不停地抖腿，带动办公桌不停地晃动。

● 放置物品不能做到轻拿轻放，在安静的场合里突然制造出较大的声音。

● 走路时不注意脚下的轻重，女士的高跟鞋不断地发出"哒哒哒"的声音。

● 工作时间嚼口香糖吹泡泡，发出很大的吧唧嘴巴的声音。

● 戴上耳机却依然传出很大的声音。

● 在公司的午休时间将键盘敲得噼里啪啦地响。

● 将文件、画册、书刊翻得哗啦哗啦响。

● 在办公室的公共空间里，使用计算器时选用开启声音模式。

PRACTICE STARTS
课后作业

基本

好的印象需要靠日常行为的点滴积累，因而需要我们重视细节。在职场中我们应时刻谨记不要做出干扰他人工作的小动作。

- - - - - - - - - - - - - - - - - - - -

活用

列出办公室里有哪些小动作不宜做，依次对照检视，不足之处及时更正。

现在来测试一下自己的印象管理技能吧！

　　跟着职场新人小洋和小米，从塑造职场形象的不同情境中，找出更好的印象管理之道吧！世事无绝对，但若能有所启发，便是一种有效的学习！

打造你所向无敌的印象力

第**6**章

印象管理小测试
Ready? Go!

我们先来假设你是小洋

内心忐忑不安的你，在投出简历后接到了一家公司邀请你次日去面试的电话——太好了！既兴奋又紧张的你第二天早早地起了床，整理好要带的东西后，如何选择下一步行动？

套上平常穿的休闲服就出门。→ 21

认真梳洗一番后，换上整洁的衬衣和深色西装出门。→ 6

— 2 —

你的做法是对的！通过见面时的招呼、工作之余的玩笑、适时地寻求建议，你积极地在自己和客服部小米之间建立起了熟悉感。客服部对你的印象颇好，工作上的沟通与合作也越来越顺利。

P100 3-5 记忆种植

这一天，发生了一件事。→ 3

— 3 —

你急匆匆地到客服部拿资料，这时来了电话，于是你把资料放到桌边，腾出手来接电话。做清洁的阿姨正在擦桌子，一不小心打翻了桌上的水杯，杯子里的热擦水顿时泼洒开来，顺着你的资料滴滴答答流到地上。"哎呀！"你和清洁阿姨都惊呆了！

"怎么搞的啊?！你知道这份资料多么重要吗?！"你忍不住焦急地嚷道。**→ 8**

"啊我的资料……"你焦急地说道，"……您有没有被烫到吧？"**→ 9**

— 4 —

放置在一边的名片渐渐失去温度，几天后连你都记不清名片主人的长相了。好像不太妙！你赶紧翻开本书的

> **P094 3–4 双倍出击**

还好没有超过一周！你赶紧给名片中的潜在重要客户发去了稳固关系的信息和邮件。有的客户果然对你产生了生疏感。虽然在双方关系不冷不热的时候联络对方，气氛有点尴尬，不过好在你及时加固了印象，对方恢复了对你的记忆。

嗯，接下来好好干一场吧！**→ 15**

— 5 —

从名片衍生出的话题，让你和客户聊了起来。你们对彼此和

197

公司都有了更深的了解，有不明白的地方你也及时向对方打听清楚。你甚至和对方在展位前合了影。当对方离开时，你们欢笑握手并表示再联系。然后你将获取的信息迅速记在名片背面，以防有所疏漏！

P094 3-4 双倍出击

如此忙碌着，直到展会圆满结束。→ **36**

— **6** —

面试官看到衣着精致得体的你，眼睛一亮。她观察着你的举动，和你交谈了起来。当问及你过去的工作经历，你侃侃而谈，恨不得将自己以往所有的小成就都展现给她看。面试官蹙起了眉。回家的路上，你反省起来

P038 2-2 基础 B：交流方式也是一种印象管理
P174 5-4 往事重提

原来印象管理是如此的重要。当你接到第三家公司的电话时，你已经做好了准备。→ **7**

— **7** —

由于你的形象胜出其他竞争者，业务专业知识方面也准备充

足，你自信可靠的形象打动了面试官，面试过程中双方交谈得很顺利。你明白了很重要的一点

P015 1–3 瞬间决定成败

顺利通过面试的你，凭借良好的印象管理在竞争者中脱颖而出，接下来也过关斩将，终于开始了自己的职业生涯！→ **20**

— **8** —

你很焦急，因为这份资料确实很重要。但资料被打湿已成既成事实，在众目睽睽之下，发再大的脾气也无法让时间倒流。这个时候，一定要保持冷静，来自本书的一篇文章提醒了你

P180 5–5 使性恸气

你拿过抹布迅速吸着资料上的水，并向小米借来纸巾进一步吸干水分，然后对保洁阿姨说："不要紧，别担心。您没有被烫伤吧？"

资料受损了，但不要再让他人对自己的印象也打折扣。客服部的同事们在心里默默地为你点了个赞！

拿着资料，你赶回业务部参加会议。→ **14**

— 9 —

你迅速地处理着被浸湿的资料，一边确认保洁阿姨是否被烫伤。你的心里没有一点点生气是假的，但你知道生气也于事无补。客服部的小米也赶紧拿着纸巾上前来帮忙，同事们也因为你沉着的素养而加深了对你的好印象！

拿着资料，你又赶回业务部参加会议。→ 14

— 10 —

参加展会的当天早晨，你打开衣柜：

拿出昨天换下的、平常穿的西服。→ 11

拿出熨烫整洁的西服，选择了适合西服颜色、花纹大方的领带，并配上低调但精致的领带夹。→ 39

— 11 —

昨天换下的西服有些起皱，虽然和平常一模一样的装扮并没有错，但也让你毫不起眼，你被淹没在众多业务员与工作人员之中……到底是哪个环节需要改善？你赶紧翻开本书的

> P046 2-3 提升印象力的关键 A：考虑场合、学会变化
>
> P074 3-1 树立形象标志

当晚，你精心研究了一番适合相应场合的着装，并考虑了种种细节。第二天，你自信又闪亮地登场！→ 39

— 12 —

又拒绝了大家的邀请。你默默地翻开书，看到这一面

P162 5–2 谨慎过度、封闭自我

哎？虽然不擅长社交，但在职场中，偶尔还是应该参与一下大家的集体活动呢。自己这样的性格，是不是真的无法和他人好好交流呢？

这时，一位客户打来电话。→ **13**

— 13 —

客户是打电话来投诉物流上的问题的。听对方语气，感觉火气不小。

赶紧搬出针对这类问题的应答模式。→ **31**

先安静地听对方把事情陈述完，顺着他的火气安慰他，再具体问题具体分析。→ **24**

— 14 —

被打湿的资料果然不方便阅读。你一边思考着资料上的问题，一边转起了笔。其间，没有转稳的笔甩到了桌面上，发出清脆的声响。坐在你身边一起开会的同事忍不住转过头看了你两眼。

你一边转着笔一边思索着自己的问题，没有太在意参会者们的反应。

→ **27**

为什么被同事看了两眼，是不是自己做错了什么……啊！是因为转笔发出的声响吧！你赶紧停下手中的动作。→ 19

— 15 —

回到公司，又开始了新的任务。上司让你和客服部的同事小米进行客户资料上的沟通。看起来好简单的任务，小菜一碟。于是你来到客户部和小米打招呼，你感到谈话过程中对方一直处于警惕的状态，并且不愿多说其他事情。你想：

算了，交代完工作上的事情就可以了。→ 25

先好好记住客服部人员的名字，然后通过沟通慢慢加深印象、增进感情！→ 2

— 16 —

交换过名片后，对方被旁边其他公司的展位吸引，他将你的名片放入口袋，然后转身向其他公司的展位走去。为什么名片被对方收下了，你的心中却依然有一种微妙的失落的感觉？你翻开了本书的

P147 一张名片所能延伸的十分钟

是啊，完全可以和对方再多聊几句，给他留下更好的印象。你决定如果再遇到重要的客户，一定不放过与对方深入交流的机会。你在接下来的时间里更加投入，终于又遇到有潜力的客户，你们互相递上名片。→ 5

— 17 —

向严肃的上司请教问题，这似乎又是一道坎。但客户的问题得赶快解决才行，你皱起眉头……

冲进林组长的办公室，将客户的问题照搬给林组长。→ 37

分析问题，总结出关键问题所在，以及如何问才更有效率。→ 29

— 18 —

由于你每天主动朝遇到的同事打招呼，大家和你的交谈也越来越多。你在日常交往中开始留意到同事们之间的称呼，当你准确叫出同事们的名字时，他们也都纷纷记住了你的名字。这真是太好了，你回忆起这篇

> P100 3–5 记忆种植

与此同时，随着工作的开展，公司计划派你参加三个月后的行业展会，与客户建立关系。→ 32

— 19 —

还好你及时地停止了会议中的转笔行为。林组长收回了转向你的目光，继续他的发言。你坐直了身子，拿起笔在手账本上认真记录起会议内容来。果然，日常行为里不经意的细节也影响着他人对自己的印象，你暗下决心：从今以后多多留神自己在办公室里的行为细节！

会后路过客服部，同事小米的一声叹息引起了你的注意。→ 34

— 20 —

新工作新环境，满怀期望又局促不安的你走在公司里

因为和公司的同事们还不熟，担心会尴尬，所以每天见面索性都没有打招呼。→ 28

虽然和公司的同事们还不熟，但是每天还是会鼓起勇气朝遇到的人点头微笑、致意。→ 18

— 21 —

面试官看到你松垮的休闲服后，表情严肃但并没有说什么，礼貌性地聊了三言两语后结束了对你的面试。预感到不妙的你翻看了本书的

恍然大悟的你总结经验，决心在下一次面试时把握机会。几天后你又接到了另一家公司通知面试的电话。这次你穿上了适合职场的服装。→ 6

— 22 —

你向林组长反馈了事情解决的结果，他很满意，并忍不住和你交流了一些经验之谈，太棒了！

走出林组长的办公室，你发现本周的部门优秀员工评选也要开始进行了。→ 41

— 23 —

一位目光敏锐的客户走上前来，他仔细阅读了你的产品目录，并做了自我介绍——是一位行业下游负责销售渠道的采购商。你拿出自己的名片

你将自己的名片递给他，并接过对方的名片放入自己的手账中。→ 16

你将自己的名片递给他，并接过对方的名片仔细端详起来，从对方的职务、公司名称和业务，你都迅速清晰地了解了一番。→ 5

— 24 —

因为你的安静倾听与虚心的态度，客户的怒气没有再升级。你得到了说话的机会，在解释物流问题发生的原因时，你甚至巧妙地运用了两个术语。对方不再生气地说要找负责人，而是认真听起你的解释来

> **P106 印象演绎技巧**

如此下来，你明显感到对方的语气柔和了很多。客户甚至表达了对你解

决问题的信任。你承诺，在请示上司更好的解决方案之后即给予对方回复。→ **17**

— 25 —

只是简单地交代完工作显然是不行的，因为客户信息的更新过程中离不开和客服部的沟通。你想到了本书的

P088 3-3 逆流而上

你决定通过适时适当地去客服部打听情况来建立彼此之间的熟悉感。果不其然，见面时的招呼、工作之余的玩笑、适时地寻求建议，让你和客服部小米的关系越来越好！你发现，其实小米笑起来也是挺可爱的！

可是有一天，发生了一件事。→ 3

— 26 —

因为请教了问题后就再没有下文了，几天后林组长找到你询问结果。林组长的表情恢复往日的严肃，你意识到

P168 5-3 缺乏反馈

对，及时向给过自己帮助的人反馈情况，是一种礼貌。认识到这一点后，你感觉自己又多了几分与人打交道的勇气！

此外，本周的部门优秀员工评选也要开始进行了。→ **41**

— **27** —

会后，林组长严肃地对你说："小洋，今天会上讲的内容都很重要，和客户交涉时一定要留神。"你赶紧点头，心想："为什么林组长单单提醒我一个人呢？"同事小米桌上摊开的一本书中的标题吸引了你的目光

> **P187　办公室里的不经意**

——原来如此！读过这篇后你回忆了一下，确实，自己和他人谈话时也习惯用手势，现在想想，不知道自己随意的手势是否有失礼的地方；在办公室里思考问题时也会自言自语起来，让旁边的同事感到困惑了吧……你若有所思地点点头，决心从今以后多多留神日常行为的细节！

不过真是有缘呀，小米也有这本书呢！→ 34

— **28** —

由于从没有和他人打过招呼，公司里的同事对你印象模糊，除了工作上的交流，平常大家和你很少对话。忧伤的你读到了这一篇

P114 4-1 两声招呼的力量

第二天，紧张的你尝试着开始和大家打招呼。出乎你意料的是，同事们也都很自然地回应了你，并没有难堪的场面出现。原来打招呼并不是一件难事！舒了口气的你在工作中与同事的关系融洽起来，工作上也有了新的进展。→ **32**

— 29 —

由于你清晰地整理出了更有效率的提问方式，林组长也很快给出了关键的建议，并对你的能力给予了肯定。严肃的上司也变得和蔼可亲，你认识到

P127 4-3 切磋交友

太好了，客户的问题可以得到解决了！→ **38**

— 30 —

虽然展会之后你感到很累，但当晚和隔天，你依然给名片中的潜在重要客户发去了稳固关系的信息和邮件。你甚至适当地请教了一些业务流程上的问题，对方也都回复了你。真是太好了！不过初次完成这么多任务，你觉得有些吃力和疲惫，自己能坚持多久呢？

> P061 2–5 提升印象力的关键 C：重复并改善好行为，
> 　　　 形成好习惯

过了这一关会越来越好的！你进而罗列一张"自省卡"，以此来加强自己在与客户交往中的印象管理。

嗯，接下来好好干一场吧！ → **15**

— **31** —

匆忙搬出的解答模式并没有让对方消气，反而让他更为不满。这是为什么？你猛然想起这一篇

> P082 3–2 以退为进

你立马顺应着对方，先承认己方不足的地方，以此消解对方的火气。在获得了表达的机会后，再针对问题所在进行交涉

> P134 4–4 情感共鸣

如此下来，你明显感到对方的语气缓和了很多。客户甚至表达了对你解决问题的信任。你承诺，在请示上司更好的解决方案之后即给予对方回复。→ **17**

—— 32 ——

听说自己将于三个月后被公司派去参加行业展会，你既开心又激动，开心的是被公司信任并委以重任，激动的是能够见识到"大世面"。但你不禁又想，除了每日精进的业务知识，首先如何才能在展会上吸引客户呢？

好像没有具体思考过要树立一个什么样的形象。→ 35

在脑海中塑造过自己想要成为的形象。→ 33

—— 33 ——

既然脑海中已有了自己想要成为的具体形象，那就从现在开始行动吧！为了坚定信心，你阅读了以下这篇

> P055 2-4 提升印象力的关键 B：能否"演出"到底

在不断的努力中，你迎来了参加展会的那一天！→ 10

—— 34 ——

我们再来假设你是性格内向的小米

你来公司一段时间了，但好像只和业务部的小洋关系比较

好。在你的印象里，小洋开朗又健谈，和自己是完全不同的类型。不善言谈的自己不想遭遇人际尴尬，每天都一个人安安静静地埋头做事……在自己的世界里很安心，但这样真的好吗？正在思考的时候，小洋过来说道："小米，中午和我们一起聚餐吧！"

"不用了，我没有什么食欲，你们去吧。"你说。→ **12**

"嗯……"你犹豫了一下，"好的。"→ **40**

— 35 —

感觉成功人士离自己好远……真的那么远吗？你回忆起自己的梦想

> **P020 何不描绘自己希冀的未来形象？**

如果自己都不相信自己，又如何让别人来相信自己呢？你描绘出自己希冀的形象，感觉自己有了一个明确的目标！在循序渐进的印象管理中，终于到了参加展会的那一天！→ **10**

— 36 —

展会结束，拿到了不少客户的名片！清理资料时翻着厚厚一叠"战利品"，你暗自兴奋了一番。

这几天累坏了，先休息一下。等到有工作需要时再联系名片上的名字吧！→ **4**

趁着刚交手过，对方说不定对我还有印象，赶紧趁热打铁联系一下！→ **30**

— 37 —

林组长对于你来寻求建议是表示欢迎的。但你照搬的是客户的开放式问题。林组长花了很多时间来讲解，但最后你依然不太清楚如何转达客户，具体的下一步该如何做。还要再问一次吗？迷茫的你想起书中的

P127 4–3 切磋交友
P140 4–5 先思再言

停止迷茫，你提取关键信息，总结出根本问题，为了更清晰地表达自己的想法，你甚至将问题流程画图并写在纸上，智慧地、有针对性地向林组长请教建议。林组长看出这是你经过思考后提炼出的问题，热心给出建议并对你赞赏有加。→ 38

— 38 —

由于林组长给出了及时且有效的建议和解决方案，客户的问题顺利解决！

请教问题当天已向林组长道过谢，不需要再特地去打扰他了吧。→ 26
及时向林组长汇报这个好消息，如果没有他的建议，问题不可能这么快解决。→ 22

— 39 —

精致的着装与搭配让你看起来格外专业，配上梳理好的发

型，看起来更为干练，在众多业务员中脱颖而出。展会上，你的良好形象果然吸引了不少客户。然而面对来自各方的询问，实战中的你果然还是会紧张！这时该怎么办呢？你的脑筋飞快地转着，想起了这两篇

P055 2–4 提升印象力的关键 B：能否"演出"到底
P066 形象代入法

你定了定神，努力回想自己所钦服的成功人士形象：如果是他，面对这样的场合会如何行动？如果是她，在这样的情况下会说什么？……你仿佛找到了熟悉的感觉，并代入展会现场的自己身上，顿时感觉自己的言谈举止自然大方了很多！就这样坚持下去吧，你恢复了自信。这时，有人朝你走过来。→ 23

— 40 —

"太好了！"小洋说道。"小米喜欢吃什么菜式？待会记得告诉我们哦！"同事们也七嘴八舌地说道。

……迈出了第一步，发现自己是被接纳的。大大方方地去交谈，应该也是没有问题的吧！对自己半信半疑之间，一位客户打来电话。→ 13

— 41 —

评选结果大大出乎你的意料，本周的部门优秀员工竟然是自己！内向的你感到非常惊讶。经过打听，你明白了是因为这个原因

P120 4-2 五分钟等待的价值

你虽然内向，但无论是上班前、开会前，还是与客户的约定前，你都会提早 5~10 分钟到场，绝不会迟到。你的自律给大家留下了良好的印象。大家自然心甘情愿地评选你为优秀员工。

受到鼓舞的你，决心更加努力并细心地锻炼自己的印象管理技能，在职场闯出属于自己的天空！